カンタン英語で話しまくれ!!

キレイに話せる
発音フレーズ大特訓

精選410フレーズ

SUPER EXERCISE

山崎 祐一
Yamasaki Yuichi

Jリサーチ出版

はじめに

 ## 英語の発音が上手くなるための大特訓

「文法や単語は知っているのに、話すとなると発音に自信がない」、「発音が苦手なので英語で話すのが億劫になる」と思っている人は、きっとあなただけではありません。発音は「知識」というよりは、むしろ「技術」です。実際に口を動かし、声に出して繰り返し訓練をすることによって、発音という技術はどんどん伸びていきます。

しかし、間違ったやり方では、時間が本当にもったいない。「正しい方法」で「正しい発音」を、身体で覚え定着させていきましょう。発音が上手くなれば、話すことにも自信が出てきて、積極的にコミュニケーションをとろうとする姿勢が身についてきます。また、発音が上手くなると、リスニングの力も向上するという研究データが報告されています。獲得した発音力を、さらに実際のコミュニケーションに応用できるようにしたいものです。本書はそれを実現させるための1冊です。

 ## 「ネイティブ度」を基準に、段階的に発音力を身につける

本書では、確実な発音の定着を目指すために、工夫を施しました。発音の本によくある「母音から始まって子音で終わる」という機械的なやり方ではなく、日本人に割と発音しやすい音から、徐々に難

しい音に学習を進め、「ネイティブ度」を高めていくという方法です。

　まず、Level 1（ネイティブ度15％）では、日本語の音にも含まれるような比較的易しい発音から始め、初めての人でも無理のないように英語の音に親しんでいきます。そして、Level 7（ネイティブ度100％）に到達するまで、少しずつ日本語の音にはない英語特有の発音の練習をしながら「音のレパートリー」をどんどん増やしていきます。以前に学習した発音が、先の章に進むごとに積み重なり、それぞれの音が定着していくようにします。

　発音が上手になるのはいいことですが、「ただの発音上手」で終わってはいけません。単語の発音だけが上手くなっても、その磨いた発音力を実際のコミュニケーションに活かせなければあまり意味がありません。そこで、本書では、左のページでは単語の発音練習、右のページではそれぞれの単語を含むフレーズの練習ができるようになっています。

　本書と付属のCDを使い、数回繰り返して練習をしていけば、発音の着実な上達が実感できるはずです。日本にいながらにして、英語の正しい発音を身につけ、英会話力アップにつないでいきましょう！

山崎 祐一

CONTENTS

はじめに ……… 2	練習法 ……… 13
発音のコツと心得 ……… 8	本書の利用法 ……… 14

LEVEL 1 ネイティブ度 15%

Unit 1	sun の [ʌ]	18
Unit 2	big の [i]	20
Unit 3	end の [e]	22
Unit 4	cook の [u]	24
Unit 5	push の [p]	26
Unit 6	bed の [b]	28
Unit 7	tennis の [t]	30
Unit 8	dust の [d]	32
Unit 9	kick の [k]	34
Unit 10	good の [g]	36
Unit 11	sense の [s]	38
Unit 12	check の [tʃ]	40
Unit 13	tests の [ts]	42

ミニクイズ 1 ……… 44

LEVEL 2 ネイティブ度 30%

Unit 14	zoo の [z]	46
Unit 15	how の [h]	48
Unit 16	money の [m]	50
Unit 17	name の [n]	52
Unit 18	young の [ŋ]	54
Unit 19	she の [ʃ]	56
Unit 20	eat の [iː]	58
Unit 21	hot の [ɑ]	60

Unit 22	second の [ə]	62
Unit 23	station の [ʃən]	64
Unit 24	soup の [uː]	66
Unit 25	job の [dʒ]	68
Unit 26	tip の [ti]	70

ミニクイズ 2 …… 72

LEVEL 3 ネイティブ度 50%

Unit 27	date の [ei]	74
Unit 28	boat の [ou]	76
Unit 29	eye の [ai]	78
Unit 30	boy の [ɔi]	80
Unit 31	cow の [au]	82
Unit 32	hat の [æ]	84
Unit 33	talk の [ɔː]	86
Unit 34	light の [l]	88
Unit 35	help の [l]	90
Unit 36	people の [l]	92
Unit 37	blue の [bl]	94
Unit 38	excuse の [ks]	96
Unit 39	stop の [st]	98

ミニクイズ 3 …… 100

LEVEL 4 ネイティブ度 70%

Unit 40	measure の [ʒ]	102
Unit 41	hands の [dz]	104
Unit 42	sit の [si]	106
Unit 43	see の [siː]	108

CONTENTS

Unit 44	easy の [zi]	110
Unit 45	tulip の [tjuː]	112
Unit 46	swimming の [wi]	114
Unit 47	wedding の [we]	116
Unit 48	wood の [wu]	118
Unit 49	question の [kw]	120
ミニクイズ 4		122

LEVEL 5　ネイティブ度 80%

Unit 50	right の [r]	124
Unit 51	try の [tr]	126
Unit 52	street の [str]	128
Unit 53	drink の [dr]	130
Unit 54	brown の [br]	132
Unit 55	present の [pr]	134
Unit 56	hard の [ar]	136
Unit 57	door の [ɔr]	138
ミニクイズ 5		140

LEVEL 6　ネイティブ度 90%

Unit 58	beer の [iər]	142
Unit 59	hair の [ɛər]	144
Unit 60	poor の [uər]	146
Unit 61	work の [ər]	148
Unit 62	yellow の [j]	150
Unit 63	food の [f]	152
Unit 64	very の [v]	154
Unit 65	fly の [fl]	156

Unit 66	fry の [fr]	158
ミニクイズ 6		160

LEVEL 7　ネイティブ度 100%

Unit 67	think の [θ]	162
Unit 68	they の [ð]	164
Unit 69	little の [t]	166
Unit 70	center の [t]	168
Unit 71	button の [t]	170
Unit 72	garden の [d]	172
ミニクイズ 7		174

口トレ10連発

口トレ1	外来語①	176
口トレ2	外来語②	178
口トレ3	外来語③	180
口トレ4	外来語④	182
口トレ5	外来語⑤	184
口トレ6	LとR①	186
口トレ7	LとR②	188
口トレ8	早口言葉①	190
口トレ9	早口言葉②	192
口トレ10	早口言葉③	194

巻末資料 196

大人になっても決して遅くはない！
発音の**コツ**と**心得**

まねて覚えよう

　子どもは日本語の発音を覚えるときは、親の発音を聞こえた通りにまねをして覚えていきます。方言の訛りが子どもに受け継がれるのも、無意識に家族や周囲の発音を聞いたままにまねをしているからです。正しい発音ができるようになるために、本書のポイント解説を読んで、付属のCDを聞きながら、何度もまねをして繰り返してみましょう。大人になっても、手遅れということはまったくありません！

　日本人の大学生の中には、時々、英語のネイティブスピーカーと同じような発音ができる人がいます。そのような学生たちに「君は小さいころから英語をやっていたんですか」と尋ねると、たいてい、「いいえ、みんなと同じで中学校からです」と答えます。教科書を音読したり、洋楽を歌ったり、繰り返しを続け、知らず知らずのうちに「発音ができるようになっちゃった！」というのがよくあるパターンです。本書が示すように、それを種類別にして体系的に実践するとさらに効果が上がります。「よく聞いて、実際に声に出して音読してみる」ことが、英語発音の上達にはかかせません。

口をパクパク動かす？！

　「発音の練習だから口を大きく開けて元気よく！」という意味ではありません。英語はもともと口を上下左右によく動かす言葉なのです。英語は日本語と比べると、抑揚も音も多いからです。微妙な音の違いが、口の開き具合で表されたりもします。口を正しく動かさないと、その微妙な違いが

出せません。例えば、日本語は指をくわえたままボソボソと話し続けることができますが、英語は唇を指から離さずにずっと話し続けることは不可能なのです。つまり「口をパクパクすること」は英語の言語的特徴なのです。

「知識」は時間がたつと頭からポロポロとこぼれ落ち忘れてしまいますが、一旦習得した「技術」はなかなか落ちません。自転車に乗れるようになれば、乗れなくなるということはありませんし、水泳も一度泳げるようになれば、泳げなくなるということはありません。発音もそれと同じです。一度正しい発音が「技術」として定着してしまえば、それが後で総崩れしてしまうことは決してありません。

英語は音が多い！

日本語と英語を比較すると、いろんな意味で日本語のほうが圧倒的に複雑です。日本語では動詞や形容詞が細かく活用しますし、敬語もあります。読み書きになると、ひらがな、カタカナ、漢字と、海外の人にとっては、日本語はたいへん難しい言語といえます。

ただ、英語が日本語よりも複雑だという要素が1つあります。それが「発音」です。英語はとにかく音が多いのです。

英語には日本語にない音がたくさんあります。例えば、母音を見てみましょう。日本語の母音は5つですが、英語にはもっとたくさん母音があります。[ア] だけを取り上げてみても、口を大きく開ける [ア]、口を中くらいに開ける [ア]、[ア] と [エ] が混ざったような [ア] があります。

日本人にとっては微妙な違いかもしれませんが、この違いによって意味が異なってくるから、英語は厄介なのです。やはり、口をパクパクしておかないと通じないということがおわかりいただけると思います。

日本語にも同じ音があることに気づこう

　確かに英語の発音は、日本語にはない音がたくさんあって難しいのは事実です。しかし「難しい」と思い込んでしまっていることもあるようです。
　例えば、win（勝つ）とwing（翼）の発音の違いを考えてみましょう。winのnは舌先を上の歯ぐきにつけますが、wingのようにngで終わる単語は、ngのgを日本語の［グ］のように発音せず、鼻から抜けるような音にします。ですから、young（若い）も［ヤング］でなく、long（長い）も［ロング］ではありません。どちらかというと、それぞれ［ヤン］、［ロン］と発音します。そのとき最後の［ン］は、舌先を上の歯ぐきにつけず、鼻から息を出し、口は閉じないようにします。……「あ〜、難しい！」「面倒だぁ…」と思ってしまいがちですね。でも実は、この違いは日本語にもあるのです。そして、私たちは毎日その発音をしながら会話をしているのです。
　例えば、「銀杏（ぎんなん）」と「銀行（ぎんこう）」と「銀メダル（ぎんメダル）」の3つの言葉をみてみましょう。同じ「ん」ですが、実はこれらはすべて違う音です。お気づきでしたか。

● 銀杏（ぎんなん）
この［ん］はwinのnのように口は開いたままで舌先が上の歯ぐきにつきます。「ぎんなん」の［な］は舌先が一度上の歯ぐきに触れますので、［な］を言う前からその準備をしているわけです。

● 銀行（ぎんこう）
この［ん］は、wingのngのように口は開いたまま舌先が上の歯ぐきには

つきません。これは「ぎんこう」の［こ］を発音するときには舌先が上の歯ぐきには触れませんので、その準備を前もってしているわけです。

● 銀メダル（ぎんメダル）
この［ん］はroomのmのように口は閉じています。これも「ぎんメダル」の［メ］は口を閉じないと発音できませんので、その準備を［ん］の時点でしているわけです。

　私たちは、日常、日本語を話すときに、こんなことを何気なく無意識にやっているわけですが、考えてみるとこれはすごい技術です。そして、まさにこれらの日本語の発音は、英語の［n］［ŋ］［m］の発音と同じなのです。英語は外国語ですから、難しく感じているだけで、実は私たちがいつも発音している音もたくさんあるのです。

英語の口の動きに慣れよう

　英語を発音するときは、口の動きが日本語を発音するときとは異なります。パソコンのキーボードを打つときのことを考えてみてください。日本語と英語では文字を打つときの指の動きが全く異なりますね。日本語は子音の後にくる促音（小さな「っ」）などを除けば必ず母音を打ちます。例えば、「ことば」と打つときには「kotoba」と打って漢字変換をします。

K **O** **T** **O** **B** **A**
子音　母音　子音　母音　子音　母音

　日本語は子音・母音の連なりです。ところが英語は、thrやstrなど子音の連続（クラスター）があります。日本語だけでキーボードを打つことに慣れている人は、英語で突然打つときには若干速度が遅くなりますし、逆

に英語だけに慣れている人は、日本語で打つときには少したどたどしくなりがちです。発音もそれに似ているところがあります。日本語と英語の音の特徴を知り、「柔軟体操」のように少しずつ繰り返し発音練習をしながら口のトレーニングをして、英語の口の動きに慣れていきましょう。

異質な音を認めることから始めよう

　ピアノを弾くときには、指が柔軟でなければいけません。指をケガしていれば、指は思うようには動きませんね。でも、指が柔軟なだけで、指は滑らかに動くでしょうか。いいえ。それは、脳が「指を動かしなさい」と指令を出しているから動くのです。もし、脳が「指は動かさなくていい」と思えば、指は自然と動かなくなるわけです。

　発音もこれと同じです。英語の発音がうまくなるためには、口が柔軟であると同時に、脳も柔軟でなければなりません。「英語の発音は面倒くさい」とか「そんな細かい発音の違いはどうでもいい」とか「人前では英語を発音するのは恥ずかしい」というふうに脳が判断してしまうと、英語の発音はどんなに練習しても上手にはなりません。結局、発音も異文化間のコミュニケーションと同様、「異なるものを知り、認める力」が大前提なのです。

発音フレーズ大特訓
練 習 法

STEP 1

何も見ずにCDに従ってリピートしてみましょう。

STEP 2

発音のイメージや発音のポイントを参考に、CDを聞いて音読しましょう。鏡で自分の口を見ながら練習するのもよいでしょう。

STEP 3

赤シートを使ってターゲットの音を含む単語をかくしながらCDを聞きましょう。きちんと音が聞き取れているかどうか確認しましょう。

STEP 4

もう一度、何も見ずにCDを聞きながらリピート（またはシャドーイング）をしてみましょう。

STEP 5

1つのレベルが終わったら、練習が必要な音をミニクイズで確認しましょう。

STEP 6

総仕上げに口トレに挑戦しましょう。つかえずにすらすらと言えたら、該当する番号が書いてあるクチビルマークに色を塗りましょう。2回スラスラ言えたら完璧！

本書の利用法

本書では、日本人が比較的発音しやすい音から順に7段階に分けて発音の練習をしていきます。少しずつ発音できる音を積み上げていきましょう。

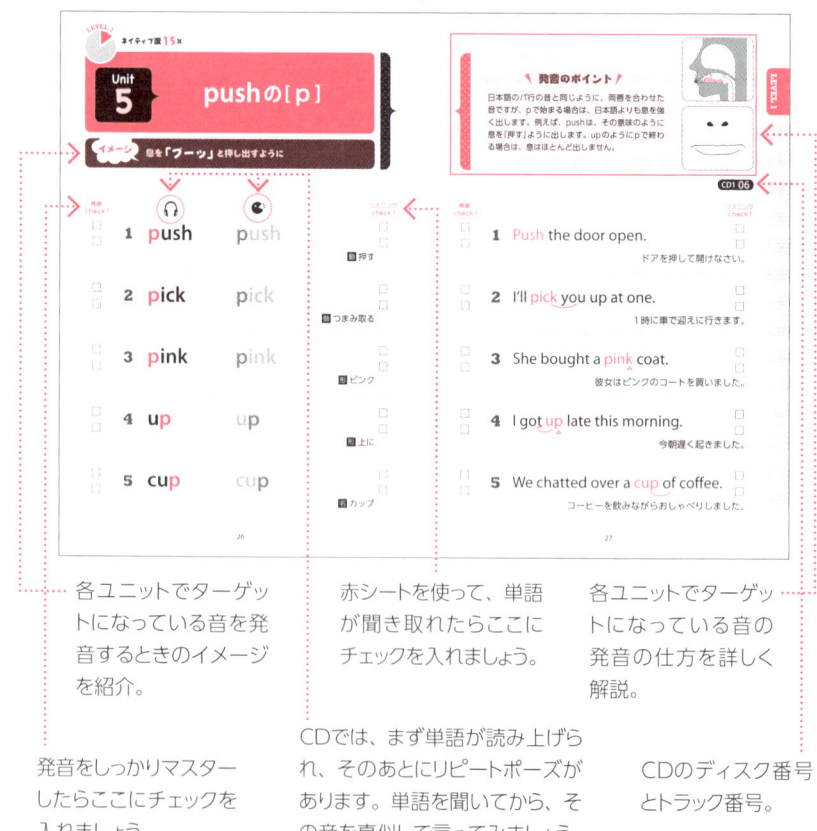

各ユニットでターゲットになっている音を発音するときのイメージを紹介。

赤シートを使って、単語が聞き取れたらここにチェックを入れましょう。

各ユニットでターゲットになっている音の発音の仕方を詳しく解説。

発音をしっかりマスターしたらここにチェックを入れましょう。

CDでは、まず単語が読み上げられ、そのあとにリピートポーズがあります。単語を聞いてから、その音を真似して言ってみましょう。

CDのディスク番号とトラック番号。

CDについて

LEVEL 1 〜 LEVEL 7
単語 → リピートポーズ → 単語 → リピートポーズ → 例文 → リピートポーズ → 日本語

口トレ
口トレは収録内容が変則的なため、各口トレのページに収録内容が記載されています。

口トレ1〜口トレ10

CDの内容

例文の中に出てくるまぎらわしい単語や注意すべき単語を紹介。

発音が難しい単語が入った例文や早口言葉を紹介。

例文をスラスラと言えたら、該当する番号に色を塗りましょう。

各Levelで扱った音を中心に聞き分けテストを収録。CDを聞き、どの音が発音されているのか聞き取ろう。聞き取りができれば、その音の違いが理解できているということだ！ 自信を持とう！

● **巻末付録**

巻末では、母音・子音の発音記号とつづりの例の一覧を紹介。これを知っていると、さらに発音力がUPする！

本書で使われている記号について

本書は発音力をつけるための教材です。また同時にリスニングのコツがわかるように記号や色を使っています。記号や色は各ユニットのターゲットの音が含まれる単語のみについています。

1. つながる音　**Could you ~ ?**
2. ほとんど発音されない音／消える音　**next bus / kindness**
3. 小さな「ッ」のような音　**sharp pain**
4. 詰まったような音　**button**
5. d音または日本語のラ行の音　**better**
6. oのように聞こえるl音　**table**
7. 子音の連なり　**str eet**

LEVEL 1

ネイティブ度 15%

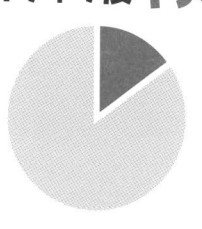

まずは、口の準備運動です。日本人である私たちにも比較的発音しやすい音を集めました。CDを聞きながら練習してみましょう。

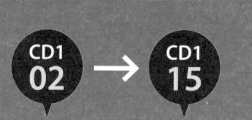

ネイティブ度 **15%**

Unit 1 — sunの[ʌ]

イメージ 口を中くらいに開けて「ア」

発音check!			リスニングcheck!
☐☐	**1 sun**	sun	☐☐
			名 太陽
☐☐	**2 us**	us	☐☐
			代 私たち
☐☐	**3 but**	but	☐☐
			接 しかし
☐☐	**4 cut**	cut	☐☐
			動 切る
☐☐	**5 hug**	hug	☐☐
			動 抱きしめる

発音のポイント

日本語の「ア」によく似た音です。口をあまり開け過ぎずに短かく「ア」と言ってみましょう。

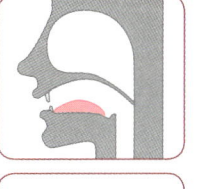

CD1 02

発音 check！　　　　　　　　　　　　　　　　　　　　リスニング check！

1 The sun is shining.
太陽が輝いています。

2 Why don't you join us?
ご一緒にいかがですか。

3 He is old but strong.
彼は年をとっているけど強いよ。

4 I'd like to get my hair cut.
髪を切ってもらいたいです。

5 Give me a hug.
抱いて。

ネイティブ度 **15%**

Unit 2 : bigの[i]

イメージ 少し「エ」に近い「イ」

発音check!				リスニングcheck!
☐☐	1	**big**	big	☐☐
			形 大きい	
☐☐	2	**him**	him	☐☐
			代 彼に	
☐☐	3	**minute**	minute	☐☐
			名 分	
☐☐	4	**behind**	behind	☐☐
			前 後ろに	
☐☐	5	**piano**	piano	☐☐
			名 ピアノ	

＼ 発音のポイント ／

日本語の「イ」を少しだけ「エ」に近く発音します。
例えば、bigは[ビーグ]と[ベーグ]を合わせたような感覚で言うと上手くいきます。

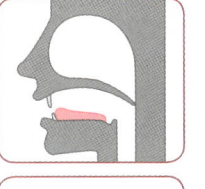

CD1 03

発音 check !   リスニング check !

1 This suit is too big for me.

このスーツは私には大きすぎます。

2 I called him yesterday.

昨日彼に電話しました。

3 She will be back in ten minutes.

彼女は10分で戻ってきますよ。

4 Somebody is behind the door.

ドアの後ろに誰かいるよ。

5 I used to play the piano.

昔ピアノを弾いていました。

ネイティブ度 **15%**

Unit 3 — endの[e]

イメージ　はっきり発音しない「エ」

発音check!			リスニングcheck!
☐☐	1 **end**	end	☐☐
		名 終わり	
☐☐	2 **egg**	egg	☐☐
		名 卵	
☐☐	3 **met**	met	☐☐
		動 会った（meetの過去形）	
☐☐	4 **said**	said	☐☐
		動 言った（sayの過去形）	
☐☐	5 **get**	get	☐☐
		動 手に入れる	

発音のポイント

日本語の「エ」とほぼ同じでいいのですが、はっきりとした「エ」の音というよりは、若干「ア」に近づけます。例えばendは[エン(ドゥ)]をほんの少しだけ[アン(ドゥ)]寄りに発音してみましょう。

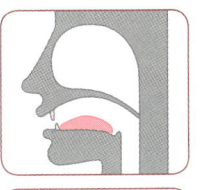

CD1 04

発音 check ! リスニング check !

1 This is the end of the line.

ここが終点です。

2 Do we have enough eggs?

卵は十分ありますか。

3 I met Jane at the coffee shop.

喫茶店でジェーンと会ったよ。

4 He said so.

彼はそう言いました。

5 Where did you get it?

それどこで手に入れたの？

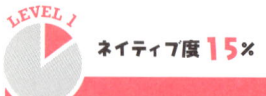

LEVEL 1 ネイティブ度 15%

Unit 4 cookの[u]

イメージ 唇を丸めて短く「ウ」

発音check!		🎧	🗣	リスニングcheck!
□□	1	cook	cook	□□
			動 料理する	
□□	2	put	put	□□
			動 置く	
□□	3	book	book	□□
			名 本	
□□	4	should	should	□□
			助 ～するべきだ	
□□	5	took	took	□□
			動 取った、撮った（takeの過去形）	

発音のポイント

日本語の「ウ」はあまり口を開きませんね。英語の [u] は、日本語よりも口を少し丸めて口先をとがらせ、短く発音してみましょう。

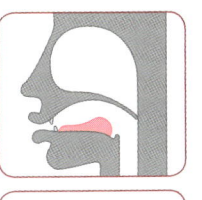

CD1 05

発音 check ! 　　　　　　　　　　　　　　　　リスニング check !

1 I like to cook.
料理するのが好きです。

2 Can you put it on the table?
テーブルの上に置いといてもらえませんか。

3 May I borrow your book?
あなたの本を借りてもいいですか。

4 I should study harder.
もっと勉強しないと。

5 I took many pictures.
写真をたくさん撮りました。

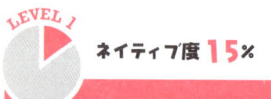

LEVEL 1 ネイティブ度 15%

Unit 5 pushの[p]

イメージ 息を「プーッ」と押し出すように

発音check！				リスニングcheck！
□□	1	push	push	□□ 動 押す
□□	2	pick	pick	□□ 動 つまみ取る
□□	3	pink	pink	□□ 形 ピンク
□□	4	up	up	□□ 形 上に
□□	5	cup	cup	□□ 名 カップ

発音のポイント

日本語のパ行の音と同じように、両唇を合わせた音ですが、pで始まる場合は、日本語よりも息を強く出します。例えば、pushは、その意味のように息を「押す」ように出します。upのようにpで終わる場合は、息はほとんど出しません。

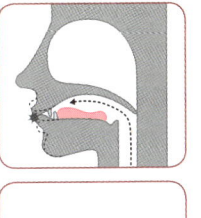

CD1 06

発音 check ! リスニング check !

1 **Push** the door open.

ドアを押して開けなさい。

2 I'll **pick** you up at one.

1時に車で迎えに行きます。

3 She bought a **pink** coat.

彼女はピンクのコートを買いました。

4 I got **up** late this morning.

今朝遅く起きました。

5 We chatted over a **cup** of coffee.

コーヒーを飲みながらおしゃべりしました。

ネイティブ度 **15%**

Unit 6 bedの[b]

イメージ 日本語のバ行よりも息を強く「バッ」

発音check!			リスニングcheck!
☐☐	1 **b**ed	bed	☐☐
		名 ベッド	
☐☐	2 **b**us	bus	☐☐
		名 バス	
☐☐	3 **b**est	best	☐☐
		形 一番いい	
☐☐	4 **b**egin	begin	☐☐
		動 始める	
☐☐	5 **b**ecome	become	☐☐
		動 ～になる	

発音のポイント

基本的には日本語のバ行と同じなのですが、p音と同じように、両唇を合わせ、発音するときは破裂するように息を強く出します。日本語の[ベッ・ド]や[ベ・ス・ト]と違い[ベードゥ]、[ベストゥ]と一気に発音します。

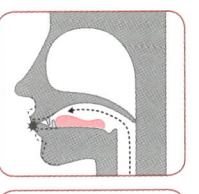

CD1 07

発音 check！　　　　　　　　　　　　　　　　リスニング check！

1 It's time to go to bed.

もう寝る時間だよ。

2 Let's take a bus.

バスで行こう。

3 I did my best.

やるだけのことはやりました。

4 Let's begin with No.1.

1番から始めましょう。

5 It has become much warmer.

本当に暖かくなってきましたね。

Unit 7

tennisの[t]

イメージ 「テ」ではなく「ツェ」に近い

発音 check!			リスニング check!
☐☐	1	**t**ennis　tennis	☐☐
		名 テニス	
☐☐	2	**t**extbook　textbook	☐☐
		名 教科書	
☐☐	3	**t**ime　time	☐☐
		名 時間	
☐☐	4	mee**t**　meet	☐☐
		動 会う	
☐☐	5	no**t**　not	☐☐
		副 〜ではない	

発音のポイント

tも息がかなり強く出ます。[ツェ]は言い過ぎかもしれませんが、日本語で[テ]と言うように優しくは言いません。tが語尾に来た場合は、息はほんの少ししか出しません。まったく息が出ないこともあります。

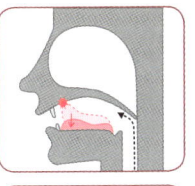

CD1 08

発音 check！ / リスニング check！

1 Do you play tennis?
テニスしますか。

2 Did you buy the textbook?
教科書買いましたか。

3 I had a great time.
楽しかったです。

4 Where shall we meet?
どこで会いましょうか。

5 I hope not.
そうじゃなければいいのですが。

LEVEL 1

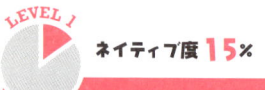

ネイティブ度 15%

Unit 8 dustの[d]

イメージ 息を強く出して「ドゥ」

発音 check！ / リスニング check！

1	dust	dust	名 ほこり
2	does	does	動 doの三人称単数現在形
3	desk	desk	名 机
4	ahead	ahead	副 先に
5	bend	bend	動 曲げる

発音のポイント

日本語のダ行とほぼ同じですが、息を強く出します。出した息が下に落ちずにまっすぐ飛んでいくようなイメージです。しかし、aheadのようにdが語尾に来る場合、dは聞こえないくらいにしか発音しません。

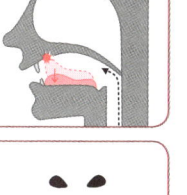

CD1 09

発音 check!　　　　　　　　　　　　　　　　　　　　　リスニング check!

1 Wipe the dust off the table.

テーブルのほこりを拭き取りなさい。

2 Does she speak Japanese?

彼女は日本語を話しますか。

3 It's on your desk.

あなたの机の上にありますよ。

4 Go ahead.

お先にどうぞ。

5 I can't bend my knees.

ひざを曲げることができません。

LEVEL 1 ネイティブ度 **15**%

Unit 9 kickの[k]

イメージ 「**クックックッ**」と怪しく笑う音

発音check！ / リスニングcheck！

1. **k**ick / kick
   動 蹴る

2. **k**ey / key
   名 カギ

3. **c**ould / could
   助 〜していただけませんか（canの過去形）

4. s**ch**ool / school
   名 学校

5. s**ch**edule / schedule
   名 スケジュール

発音のポイント

日本語のカ行とほぼ同じですが、息を勢いよく出しましょう。例えば、kickならば[キ]と[イ]を一緒に発音するような感じで[キィーック]と[キィ]を一瞬で言ってみましょう。

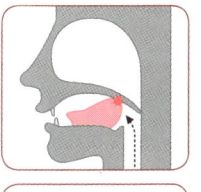
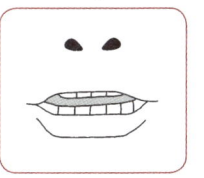

CD1 10

発音 check ! リスニング check !

1 Kick the ball!
ボールを蹴って！

2 I lost my key.
カギをなくしてしまった。

3 Could you help me?
手伝ってもらえませんか。

4 We have no school today.
今日は授業はありません。

5 We are behind schedule.
私たちは予定よりも遅れています。

LEVEL 1

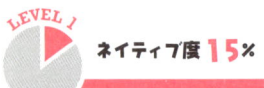

ネイティブ度 15%

Unit 10 goodの[g]

イメージ 「グッと我慢する」の「グッ」

発音check!				リスニングcheck!
□□	1	good	good	□□ 形 よい
□□	2	guess	guess	□□ 動 想像する
□□	3	gate	gate	□□ 名 門
□□	4	dog	dog	□□ 名 犬
□□	5	bug	bug	□□ 名 虫

発音のポイント

日本語のガ行とほぼ同じです。例えば、goodならば[グ]と[ウ]を一緒に[グゥーッ(ドゥ)]と[グゥ]を強く一瞬で発音してみましょう。gが語尾に来る場合は、息はあまり出しません。

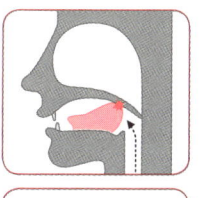

CD1 11

発音 check !　　　　　　　　　　　　　　　　　　　リスニング check !

1 That's good!

それはよかった！

2 I guess so.

そう思うよ。

3 I'll meet you at the gate.

門のところで会いましょう。

4 What a cute dog!

可愛い犬ですね！

5 I saw a bug in the room.

部屋に虫がいたよ。

LEVEL 1 ネイティブ度 **15%**

Unit 11 senseの[s]

イメージ　「スー」っというすき間風の「ス」

発音check!				リスニングcheck!
☐☐	**1**	**sense**	sense	☐☐
			名 感覚、センス	
☐☐	**2**	**send**	send	☐☐
			動 送る	
☐☐	**3**	**subject**	subject	☐☐
			名 科目	
☐☐	**4**	**miss**	miss	☐☐
			動 乗り遅れる	
☐☐	**5**	**nice**	nice	☐☐
			形 いい、素敵な	

発音のポイント

英語の単語は、必ずどこかを強く発音します。英語の「sense」の場合、日本語の「扇子(せ・ん・す)」と違い、最初のseを強く発音し、後ろは自然に流すのがコツです。

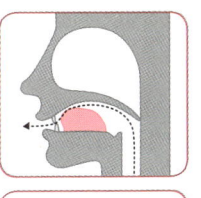

CD1 12

発音 check !   リスニング check !

1 Ted has a sense of humor.

テッドにはユーモアのセンスがあります。

2 Send this message to Ann.

このメッセージをアンさんに送ってください。

3 What is your favorite subject?

あなたの好きな科目は何ですか。

4 We'll miss the bus!

バスに乗り遅れちゃうよ！

5 It's nice and cool.

涼しくていいね。

LEVEL 1
ネイティブ度 **15%**

Unit 12 — checkの[tʃ]

イメージ 上手くいかなかったときの「ちぇっ」

発音 check！ / リスニング check！

1. **ch**eck — check
   動 調べる

2. **ch**icken — chicken
   名 チキン

3. kit**ch**en — kitchen
   名 台所

4. mu**ch** — much
   形 たくさん

5. su**ch** — such
   形 とても〜な

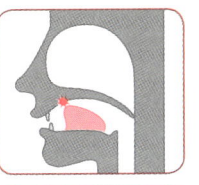

発音のポイント

日本語のチに似ていますが、舌を上の歯ぐきに瞬間的に当て、日本語よりも勢いよく、鮮明に発音します。muchやsuchのようにchが語尾にある場合は、息はそんなに強くは出しません。

CD1 13

発音 check !　　　　　　　　　　　　　　　　　　　　リスニング check !

1 I'll check it right away.

すぐに調べてみます。

2 I don't like fried chicken.

フライドチキンは好きではありません。

3 She is in the kitchen.

彼女は台所にいます。

4 How much is it?

それはいくらですか。

5 He is such a nice man.

彼は本当にいい人ですね。

Unit 13 — testsの[ts]

LEVEL 1 ネイティブ度 **15%**

イメージ 「喝！」の「ツ」

発音 check！ / リスニング check！

1. **tests** tests
   名 テスト（testの複数形）

2. **cents** cents
   名 セント（centの複数形・アメリカの通貨の単位）

3. **pockets** pockets
   名 ポケット（pocketの複数形）

4. **pets** pets
   名 ペット（petの複数形）

5. **it's** it's
   それは（it isの短縮形）

発音のポイント

日本語の[ツ] (tsu) とよく似ていますが、tsの後ろに母音のuを入れずに発音します。日本語で「喝！」と言うときには「カツ」の「ツ(tsu)」のu音は入りませんので、参考にしてみてください。

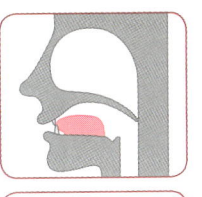

CD1 14

発音 check !
リスニング check !

1 I have two more tests to go.

テストはあと2つだ。

2 It was only ninety cents.

それはたったの90セントでした。

3 Empty your pockets.

〈洗濯の前に〉ポケットを空にしておいて。

4 Take good care of your pets.

ペットの面倒をちゃんとみなさい。

5 It's ten o'clock now.

今10時です。

ミニクイズ 1

CD1 15

CDで聞こえた単語を選びましょう。

1. (A) **big** (B) **beg** check! Unit 2, Unit 3
2. (A) **push** (B) **bush** check! Unit 5, Unit 6
3. (A) **bed** (B) **bet** check! Unit 8, Unit 7
4. (A) **dog** (B) **dock** check! Unit 10, Unit 9
5. (A) **best** (B) **test** check! Unit 6, Unit 7
6. (A) **buck** (B) **book** check! Unit 1, Unit 4

CDを聞いて、以下の音で始まる単語を一つだけ選びましょう。

7. [d] check! Unit 8
   (A) (B) (C) (D)

8. [s] check! Unit 11
   (A) (B) (C) (D)

CDを聞いて、以下の音で終わる単語を一つだけ選びましょう。

9. [ts] check! Unit 13
   (A) (B) (C) (D)

10. [tʃ] check! Unit 12
    (A) (B) (C) (D)

ミニクイズ1の答えは72ページにあります。

ミニクイズ7の答え
1. (B) 2. (A) 3. (A) 4. (B) 5. (A) 6. (A) 7. 答 (C) スクリプト (A) certainly (B) circus (C) Thursday (D) circle 8. 答 (D) スクリプト (A) loser (B) cruiser (C) cleanser (D) weather 9. 答 (A) スクリプト (A) they (B) zero (C) zipper (D) zoo 10. 答 (C) スクリプト (A) color (B) horror (C) letter (D) counter

LEVEL 2

ネイティブ度 30%

少しずつ英語独特の発音が出てきますが、日本語にも同じような音があることに気づくはずです。舌の動きだけでなく、唇の動きもチェックしましょう。

CD1 16 → CD1 29

LEVEL 2 ネイティブ度 30%

Unit 14 zooの[z]

イメージ: 「ず〜っと」の「ず」

発音check!			リスニングcheck!
☐☐	1 **zoo**	zoo	☐☐
		名 動物園	
☐☐	2 **design**	design	☐☐
		動 デザインする	
☐☐	3 **whose**	whose	☐☐
		代 誰の	
☐☐	4 **noise**	noise	☐☐
		名 騒音	
☐☐	5 **because**	because	☐☐
		接 〜なので	

発音のポイント

日本語のザ行とほぼ同じですが、注意点は[z]の音は舌が上の歯ぐきにつかないということです。日本語ではザ行の音を発音するとき、舌が上の歯ぐきについてもつかなくてもその音の違いには割と無頓着ですので、注意が必要です。

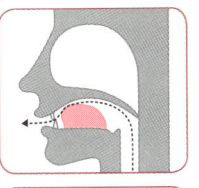

CD1 16

発音 check !　　　　　　　　　　　　　　　　　　　　リスニング check !

1 Have you been to Ueno Zoo?

上野動物園に行ったことがありますか。

2 He designed the new building.

彼はその新しいビルを設計しました。

3 Whose book is this?

これは誰の本ですか。

4 Don't make any noise.

静かにしなさい。

5 She didn't come because she was sick.

彼女は具合が悪かったので来ませんでした。

Unit 15 howの[h]

LEVEL 2 ネイティブ度 **30%**

イメージ　寒い日に手に息を吹きかけ「ハー」

発音check!				リスニングcheck!
☐☐	1	**how**	how	☐☐

副 どのようにして

| ☐☐ | 2 | **house** | house | ☐☐ |

名 家

| ☐☐ | 3 | **his** | his | ☐☐ |

代 彼の

| ☐☐ | 4 | **who** | who | ☐☐ |

代 誰

| ☐☐ | 5 | **whole** | whole | ☐☐ |

形 全体の

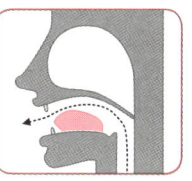

発音のポイント

日本語のハ行とほぼ同じですが、のどの奥から「ハー」と勢いよく出てくる感じです。例えば、howやhouseは[ハ・ウ][ハ・ウ・ス]ではなく、[ハーゥ][ハゥス]のように発音します。

CD1 17

発音 check !　　　　　　　　　　　　　　　　　　　リスニング check !

1 I don't know how.

どうやるのかわかりません。

2 Can you come to my house?

私の家に来れますか。

3 Where is his office?

彼の会社はどこですか。

4 Who is she?

彼女は誰ですか。

5 I ate the whole cake.

ケーキ全部食べちゃったよ。

LEVEL 2　ネイティブ度 **30%**

Unit 16　moneyの[m]

イメージ　両唇をしっかり閉じて「ム」

発音 check！　　　　　　　　　　　　　　　　　　　リスニング check！

1　**m**oney　money
名 お金

2　**m**any　many
形 たくさん

3　**m**ust　must
助 ～しなければならない

4　so**m**e　some
形 いくつか

5　co**m**e　come
動 来る

発音のポイント

日本語のマ行とほぼ同じですが、唇をしっかり閉じて息を勢いよく出します。money、manyは[マニー]、[メニー]というよりも、[マニー]、[メニー]となります。comeのようにm音が語尾に来た場合、後ろに母音をつけて[mu]と発音しないように注意しましょう。

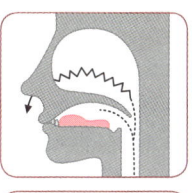

CD1 18

発音 check！　　リスニング check！

1 I spent a lot of money.

お金いっぱい使っちゃった。

2 I have many CDs.

CDたくさん持ってるよ。

3 You must stay in bed.

ベッドに寝てないといけないよ。

4 Can I have some more?

もう少しもらえませんか。

5 I want you to come with me.

君に一緒に来て欲しい。

Unit 17 nameの[n]

LEVEL 2 ネイティブ度 30%

イメージ　「ぬぅっ」と現れるの「ぬ」

1 **n**ame name
名 名前

2 **n**eed need
動 〜を必要とする

3 **kn**ow know
動 知っている

4 pe**n** pen
名 ペン

5 dow**n** down
副 下に

発音のポイント

日本語のナ行とほぼ同じですが、舌を上の歯ぐきにしっかり当てて強く発音します。nameは[ネーム]ではなく[ネィム]となります。penのようにnが語尾に来る場合も、舌が上の歯ぐきについた状態になります。

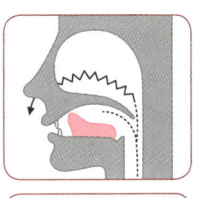

CD1 19

発音 check！　　　　　　　　　　　　　　　　　　リスニング check！

1 May I ask your name?

お名前をお伺いしてもよろしいですか。

2 I need your help.

あなたの手助けが必要です。

3 I didn't know that.

それは知りませんでした。

4 Can I use your pen?

ペンをお借りしてもよろしいですか。

5 Stocks went down.

株価が下がりました。

Unit 18　youngの[ŋ]

LEVEL 2　ネイティブ度 **30%**

イメージ　「ホンコン」(Hong Kong) の「ン」

発音 check!　　　　　　　　　　　　　　　　　　　　　　リスニング check!

1. **young**　young
   形 若い

2. **song**　song
   名 歌

3. **coming**　coming
   動 来る (come の ing 形)

4. **doing**　doing
   動 している (do の ing 形)

5. **tongue**　tongue
   名 舌

＼ 発音のポイント ／

youngのようにngで終わる単語は、[ヤング]のように最後の[グ]を発音しません。舌を上の歯ぐきにつけず鼻から[ン]が抜ける感じで発音します。King Kong（キングコング）も[キンコン]となります。

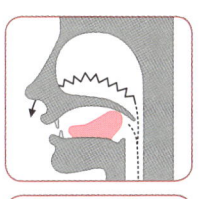

CD1 20

発音 check！ リスニング check！

1 She looks young.

彼女は若く見えます。

2 Do you know this song?

この歌知ってますか。

3 Who is coming?

誰が来ますか。

4 What are you doing?

何をしているんですか。

5 It's on the tip of my tongue.

口先まで出かかっているんですが（思い出せません）。

LEVEL 2 ネイティブ度 **30%**

Unit 19 — sheの[ʃ]

イメージ 「シー！静かにしてください」の「シ」

発音check! / リスニングcheck!

1. **sh**e — she
   代 彼女は

2. **sh**ip — ship
   名 船

3. **sh**eet — sheet
   名 1枚の紙

4. di**sh** — dish
   名 皿、料理

5. fi**sh** — fish
   名 魚

発音のポイント

日本語の「シ」よりも鋭く発音します。周りが騒々しいときに、人差し指を唇に当てて「シー」と言う音に似ています。唇を突き出して、勢いよく発音しましょう。

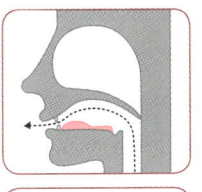

CD1 21

発音 check !　　　　　　　　　　　　　　　　リスニング check !

1 She is a friend of mine.
彼女は私の友だちです。

2 He went to Okinawa by ship.
彼は船で沖縄に行きました。

3 I need two sheets of paper.
紙が2枚必要です。

4 That's my favorite dish.
それは私の好きな料理です。

5 I like fish better than meat.
肉より魚のほうが好きです。

LEVEL 2 ネイティブ度 **30%**

Unit 20 eatの[iː]

イメージ 「イ」と笑った顔で言おう

発音 check！ / リスニング check！

1. **eat** eat
   動 食べる

2. **keep** keep
   動 取っておく

3. **please** please
   副 どうぞ

4. **tea** tea
   名 紅茶

5. **cheese** cheese
   名 チーズ

発音のポイント

写真を撮ってもらうときに「はいチーズ」と言うのは、cheeseと発音したときに笑った顔になるからです。日本語の「イ」を伸ばすだけではいけません。唇の両わきを外側にしっかり開きましょう。

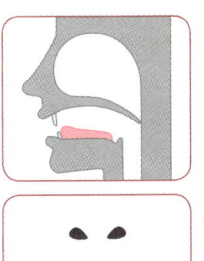

CD1 22

発音 check！
リスニング check！

1 I love eating!
食べるの大好き！

2 Keep the change.
おつりは取っておいてください。

3 Please come again.
また来てください。

4 Would you like some tea?
紅茶はいかがですか。

5 Say cheese.
はい、チーズ。

LEVEL 2　ネイティブ度 **30%**

Unit 21　hotの[ɑ]

イメージ 口を大きく開けて「ア」

発音 check！ / リスニング check！

1. **hot** — hot
   形 暑い

2. **got** — got
   動 得た、理解した（getの過去形）

3. **bottom** — bottom
   名 底

4. **honest** — honest
   形 正直な

5. **knowledge** — knowledge
   名 知識

発音のポイント

英語には日本語の「ア」に似た音がいくつかあります。このユニットでは、口を大きく開けて、口の中を広く保ちます。hot（暑い）を発音するときに、口を中くらいに開けるとhut（小屋）という違う単語になってしまいますので注意しましょう。

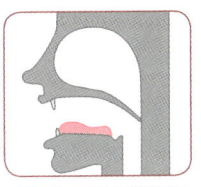

CD1 23

発音 check !　　　　　　　　　　　　　　　　　　　　　　　リスニング check !

1 I'm hot.

暑いなあ。

2 I got it.

了解しました。

3 Bottoms up!

グッといきましょう！（乾杯！）

4 To be honest, I don't like it.

正直言って、それは好きではありません。

5 I don't have much knowledge of history.

歴史について知識はあまりありません。

LEVEL 2 ネイティブ度 **30%**

Unit 22 second の [ə]

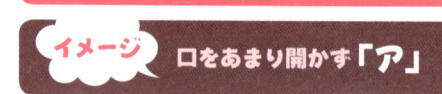

イメージ 口をあまり開かず「ア」

発音 check！ / リスニング check！

1. s**e**cond 名 秒
2. c**o**mputer 名 コンピュータ
3. **A**meric**a**n 名 アメリカ人
4. **a**gree 動 同意する
5. **a**bout 前 〜について

発音のポイント

口の小さい「ア」だと考えましょう。口に人差し指をくわえて、両唇が人差し指から離れないように練習します。口はあまり大きく開けないので、secondは[セケン(ドゥ)]に、computerのcomは[コン]ではなく[クン]に近い発音になります。

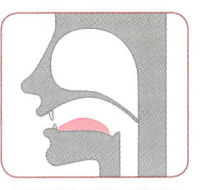

CD1 24

発音 check！ / リスニング check！

1 Just a second.
ちょっと待って。

2 I bought a new computer.
新しいコンピュータを買いました。

3 She is a Japanese American.
彼女は日系アメリカ人です。

4 I agree with you.
あなたに賛成です。

5 What do you think about that?
それについてどう思いますか。

LEVEL 2
ネイティブ度 **30%**

Unit 23 station の [ʃən]

イメージ ［ション］というより ［シャン］か ［シュン］

発音 check! リスニング check!

1 sta**tion**   station
名 駅

2 educa**tion**   education
名 教育

3 communica**tion**   communication
名 コミュニケーション

4 informa**tion**   information
名 情報、案内

5 condi**tion**   condition
名 状態

発音のポイント

tionなどで終わる単語にはUnit 22の「口が小さい『ア』」を使います。日本語では[ステーション] (station)、[インフォメーション] (information)と発音しますが、実際は[ステイシュン]、[インファメイシュン]に近いといえます。

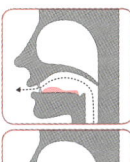

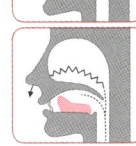

CD1 25

発音 check !　　　　　　　　　　　　　　　　　　　　　リスニング check !

1 Where is the subway station?

地下鉄の駅はどこですか。

2 Education of children is important.

子どもの教育は大切です。

3 He has good communication skills.

彼は立派なコミュニケーションスキルを持っています。

4 Where is the information desk?

案内所はどこですか。

5 My car is in good condition.

私の車は調子がいいです。

LEVEL 2
ネイティブ度 **30%**

Unit 24 soupの[uː]

イメージ 口先をとがらせ「**ウー**」

発音check！ / リスニングcheck！

1. **soup** soup 名スープ
2. **spoon** spoon 名スプーン
3. **shoes** shoes 名靴
4. **do** do 動する
5. **lose** lose 動失う

発音のポイント

日本語の[ウー]は口を丸めませんが、英語の[u:]は口をかなり丸めて前に突き出し、口元を緊張させます。鋭く[ウー]と発音します。特に外来語の「スープ」や「スプーン」など、日本語の発音にならないように注意しましょう。

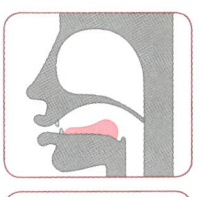

CD1 26

発音 check !　　　　　　　　　　　　　　　　　　リスニング check !

1 Can you heat up the soup?

スープを温めてもらえませんか。

2 This spoon is too small.

このスプーンは小さすぎます。

3 Please take off your shoes.

靴を脱いでください。

4 Just do it.

黙ってやりなさい。

5 Don't lose it.

なくさないように。

LEVEL 2 ネイティブ度 **30%**

Unit 25 　jobの[dʒ]

イメージ　「じゃあね」の「じ」

発音check！ / リスニングcheck！

1. **job** job
   名 仕事

2. **jump** jump
   動 飛ぶ

3. **major** major
   動 専攻する

4. **suggest** suggest
   動 提案する

5. **age** age
   名 年齢

発音のポイント

「じゃあね」の「じ」のように、舌が上の歯ぐきに触れます。語頭は言いやすいのですが、中間や語尾のときには舌が上の歯ぐきについていることを確認してください。

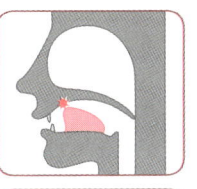

CD1 27

発音 check！
リスニング check！

1 I like my job.

今の仕事が気に入っています。

2 The dog jumped at me.

犬が私に飛びかかってきました。

3 I'm majoring in Economics.

私は経済学を専攻しています。

4 She suggested a new plan.

彼女は新しい計画を提案しました。

5 We are the same age.

私たちは同い年です。

LEVEL 2 ネイティブ度 **30%**

Unit 26 — tipの[ti]

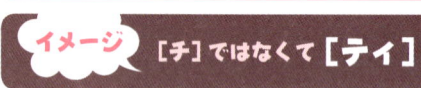

イメージ　[チ]ではなくて **[ティ]**

発音 check！　　　　　　　　　　　　　　　　　　リスニング check！

1 tip — tip
名 チップ

2 ticket — ticket
名 チケット

3 plastic — plastic
名 プラスチック

4 romantic — romantic
形 ロマンチックな

5 interesting — interesting
形 興味深い

発音のポイント

日本語では[チップ][チケット]でも、英語では[ティップ][ティケット]となります。[ti]が語頭に来る場合は息が強く出ます。特にtipを[チップ]と発音するとchip(かけら)に聞こえ、意味が通じなくなりますので要注意！

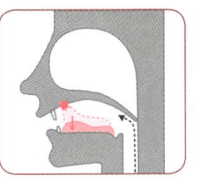

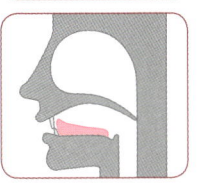

CD1 28

発音 check !
リスニング check !

1 I forgot to leave a ti|p.

チップを置くのを忘れました。

2 I bought two ti|ckets.

チケットを2枚買いました。

3 This table is made of plas|ti|c.

このテーブルはプラスチックでできています。

4 How roman|ti|c!

なんてロマンチックなんでしょう！

5 The new movie was interes|ti|ng.

新しい映画はおもしろかったよ。

ミニクイズ 2

CD1 29

CDで聞こえた単語を選びましょう。

1. (A) **sun** (B) **some** check! Unit 17, Unit 16
2. (A) **sheep** (B) **ship** check! Unit 20, Unit 2
3. (A) **it** (B) **eat** check! Unit 2, Unit 20
4. (A) **pull** (B) **pool** check! Unit 4, Unit 24
5. (A) **chip** (B) **tip** check! Unit 12, Unit 26

CDを聞いて、以下の音を含む単語を一つだけ選びましょう。

6. [iː]　　　　　check! Unit 20
   (A)　(B)　(C)　(D)

7. [uː]　　　　　check! Unit 24
   (A)　(B)　(C)　(D)

8. [ɑ]　　　　　check! Unit 21
   (A)　(B)　(C)　(D)

CDを聞いて、以下の音で終わる単語を一つだけ選びましょう。

9. [ŋ]　　　　　check! Unit 18
   (A)　(B)　(C)　(D)

10. [z]　　　　　check! Unit 14
    (A)　(B)　(C)　(D)

ミニクイズ2の答えは100ページにあります。

ミニクイズ1の答え
1. (A)　2. (B)　3. (A)　4. (A)　5. (B)　6. (B)　7. 答 (B)　スクリプト (A) take (B) date (C) tell (D) time　8. 答 (C)　スクリプト (A) pick (B) begin (C) cent (D) gate　9. 答 (D)　スクリプト (A) set (B) get (C) met (D) pets　10. 答 (C)　スクリプト (A) hits (B) cuts (C) much (D) nets

LEVEL 3

ネイティブ度 50%

このレベルを超えれば、発音力が格段にアップすること間違いなしです。英語の発音力に違いがでるのは、[st]や[ks]などの連続した子音や外来語、時と場合によって変化する[l]の音をしっかり認識、発音できるかどうかです。

CD1 30 → CD1 43

LEVEL 3 ネイティブ度 **50**%

Unit 27 dateの[ei]

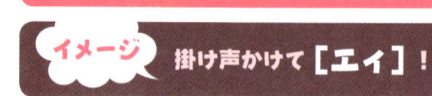

イメージ 掛け声かけて［エィ］！

発音 check！ / リスニング check！

1. d**a**te — date
   名 デート

2. g**a**me — game
   名 ゲーム、試合

3. c**a**se — case
   名 ケース、場合

4. deb**a**te — debate
   動 ディベートする

5. present**a**tion — presentation
   名 プレゼンテーション

発音のポイント

英語には[エー]と伸ばす発音はありません。[エー]は[エィ]と発音しましょう。例えば[デート]は[デイトゥ]、[プレゼンテーション]は[プリゼンティシュン]と発音します。

CD1 30

発音 check ! リスニング check !

1 I had a date with Bob.

ボブとデートしたの。

2 We won the game.

私たちは試合に勝ちました。

3 Just in case.

念のために。

4 We debated for two hours.

私たちは2時間ディベートをしました。

5 It was a wonderful presentation.

すばらしいプレゼンテーションでしたよ。

LEVEL 3 ネイティブ度 **50%**

Unit 28 goの[ou]

イメージ ［オ］と［ウ］を同時にすばやく

発音 check! / リスニング check!

1 g**o** / go
動 行く

2 h**o**me / home
名 家

3 c**o**ld / cold
形 寒い

4 b**oa**t / boat
名 ボート

5 c**oa**t / coat
名 コート

＼ 発音のポイント ／

［ゴー］［ホーム］のように母音を［オー］とは伸ばさず、すばやく「オゥ」と発音しましょう。特に、「ボート」（［ボゥトゥ］）や「コート」（［コゥトゥ］）のような外来語に注意しましょう。

CD1 31

発音 check！ リスニング check！

1 I have to go soon.

もうすぐ行かないといけません。

2 She came home late last night.

彼女は昨夜遅く帰宅しました。

3 It's cold in this room.

この部屋は寒いですね。

4 We went to the lake to row a boat.

湖にボートをこぎに行きました。

5 This is such a nice coat.

これは本当に素敵なコートですね。

Unit 29 eyeの[ai]

LEVEL 3 ネイティブ度 **50%**

イメージ: 「愛」ではなく、すばやく [アィ]

	発音 check!				リスニング check!
1		eye	eye	名 目	
2		high	high	形 高い	
3		kind	kind	形 親切な	
4		buy	buy	動 買う	
5		sign	sign	動 サインする	

❮ 発音のポイント ❯

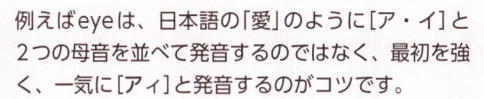

例えばeyeは、日本語の「愛」のように［ア・イ］と2つの母音を並べて発音するのではなく、最初を強く、一気に［アィ］と発音するのがコツです。

CD1 32

発音 check !　　　　　　　　　　　　　　　　　　　リスニング check !

1 Close your eyes.
目を閉じて。

2 The price was so high.
値段はとても高かったです。

3 He is such a kind man.
彼は本当に親切な人ですよ。

4 I'll buy you lunch.
昼ご飯おごります。

5 Please sign the paper.
その書類にサインしてください。

LEVEL 3
ネイティブ度 **50%**

Unit 30 boyの[ɔi]

イメージ 呼びかけの[オィ]!

発音 check！ / リスニング check！

1. **b**oy boy 名 少年

2. **t**oy toy 名 おもちゃ

3. **p**oint point 名 ポイント、要点

4. **enj**oy enjoy 動 楽しむ

5. **empl**oy employ 動 雇う

発音のポイント

日本語の「甥（おい）」の発音は、口を丸めず2つの母音を並べたように発音しますが、英語は口を丸めて[オ]を発音します。[オ]と[イ]は分けずに、一気に[オィ]と発音しましょう。

CD1 33

発音 check！ / リスニング check！

1 He is a nice boy.
彼はいい子ですよ。

2 Pick up your toys.
おもちゃを拾いなさい。

3 That's not the point.
それは論点ではありません。

4 Did you enjoy it?
楽しかった？

5 The company employs 800 people.
その会社は800人の従業員がいます。

Unit 31 cowの[au]

LEVEL 3 ネイティブ度 **50%**

イメージ 「会う」ではなく [アゥ]

発音check!			リスニングcheck!
☐☐	**1** cow	cow	☐☐
		名 牛	
☐☐	**2** bow	bow	☐☐
		動 お辞儀する	
☐☐	**3** now	now	☐☐
		副 今	
☐☐	**4** out	out	☐☐
		副 外へ	
☐☐	**5** count	count	☐☐
		動 数える	

発音のポイント

日本語の「会う(あう)」の発音も、やはり2つの母音を並べたように発音しますが、英語の[au]は[ア]と[ウ]を2つの音と考えずに、勢いよく一気に[アゥ]と発音しましょう。

CD1 34

発音 check！　　　　　　　　　　　　　　　　　　　　　リスニング check！

1 We saw many cows in the meadows.

牧場に牛がたくさんいました。

2 He bowed to me.

彼は私にお辞儀をしました。

3 What time is it now?

今何時ですか。

4 She went out just now.

彼女はたった今出て行きましたよ。

5 Let's count the number.

数を数えましょう。

LEVEL 3 ネイティブ度 **50%**

Unit 32　hatの[æ]

イメージ 「エ」と「ア」の混ぜ合わせ

発音 check !　　　　　　　　　　　　　　　　　　　　　　リスニング check !

1　h**a**t　　hat
名 帽子

2　b**a**g　　bag
名 バッグ、袋

3　**a**sk　　ask
動 尋ねる

4　m**a**n　　man
名 男

5　h**a**ppy　happy
形 うれしい

発音のポイント

日本語で[エ]と言いながら[ア]という感じで発音します。日本語の[エ][ア]よりも、唇は左右両側に広がります。日本人はこの音を日本語の[ア]で発音しがちなので注意しましょう。

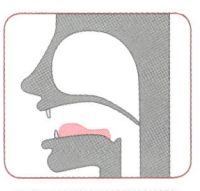

CD1 35

発音 check ! リスニング check !

1 Take off your hat.
帽子を脱ぎなさい。

2 Do you need a bag?
〈スーパーなどで〉袋は必要ですか。

3 Why don't you ask him?
彼に尋ねてみてはどうですか。

4 He is a strong man.
彼は強い男です。

5 I'd be happy to.
喜んで(そうします)。

LEVEL 3 ネイティブ度 **50%**

Unit 33 talkの[ɔː]

イメージ 「オー」と「アー」の混ぜ合わせ

発音 check！ / リスニング check！

1. **talk** talk
   動 話す

2. **walk** walk
   動 歩く

3. **saw** saw
   動 見た（seeの過去形）

4. **bought** bought
   動 買った（buyの過去形）

5. **August** August
   名 8月

発音のポイント

日本語の[オー]を若干[アー]に近づけながら言ってみましょう。例えば、talkは[トーク]と[ターク]が混ざったように発音します。また、auやawとつづるとこの発音になることが多いです。

CD1 36

発音 check !　　　　　　　　　　　　　　　　リスニング check !

1 What are you talking about?
何言ってるの？

2 I walk to school every day.
毎日歩いて学校に行きます。

3 I saw him about a week ago.
彼には1週間くらい前に会いましたよ。

4 He bought me a ring.
彼が指輪を買ってくれたよ。

5 It's hot in August.
8月は暑いです。

Unit 34: lightの[l]① (l + 母音)

LEVEL 3 ネイティブ度 **50%**

イメージ: 舌先を上の歯の裏側につけ「ル」

発音check!		🎧	👄		リスニングcheck!
☐☐	1	**l**ight	light	名 電気	☐☐
☐☐	2	**l**ive	live	動 住む	☐☐
☐☐	3	**l**ook	look	動 見える	☐☐
☐☐	4	**l**ate	late	形 遅い	☐☐
☐☐	5	**l**ong	long	形 長い	☐☐

発音のポイント

日本語のラ行の音は、舌先が上の歯ぐきの中ほどにつきますが、[l]は、舌先がもう少し前方に出て、上の歯の裏側あたりにしっかりとつきます。

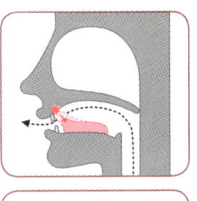

CD1 37

発音 check！ / リスニング check！

1 Can you turn on the light?
電気をつけてもらえませんか。

2 Where do you live?
どこにお住まいですか。

3 The jacket looks nice on you.
ジャケットお似合いですよ。

4 I was late for the meeting.
会議に遅刻しました。

5 How long does it take to get there?
そこに行くのにどのくらいかかりましたか。

LEVEL 3 ネイティブ度 **50%**

Unit 35 helpの[l]② (l＋子音や語尾のl)

イメージ 「ル」よりも「オ」に近い

発音 check! / リスニング check!

1. **help** help
   動 手伝う

2. **milk** milk
   名 ミルク

3. **sale** sale
   名 セール

4. **cool** cool
   形 涼しい

5. **all** all
   形 すべて

発音のポイント

アルファベットのLのカタカナ読みは[エル]。この[エル]の[ル]がとても気になります。前ユニットと同様、lは舌を上の歯の裏側あたりにつけるだけ。[ル]というよりも[オ]のように聞こえます。

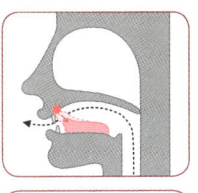

CD1 38

発音 check !　　　　　　　　　　　　　　　　　　リスニング check !

1 May I help you?
　　お手伝いしましょうか。

2 Do you like milk?
　　ミルクは好きですか。

3 It's on sale now.
　　それは今セールです。

4 It's getting cool.
　　涼しくなってきましたね。

5 Is that all?
　　それで全部ですか。

Unit 36: peopleの[l]③ (-ple や -ble)

LEVEL 3 ネイティブ度 50%

イメージ: 「プル」は「ポォ」、「ブル」は「ボォ」、「クル」は「コォ」

発音check！ / リスニングcheck！

1. **people** people
   名 人々

2. **apple** apple
   名 りんご

3. **impossible** impossible
   形 不可能な

4. **unbelievable** unbelievable
   形 信じられない

5. **bicycle** bicycle
   名 自転車

発音のポイント

-ple、-ble、-cle などが語尾に来る場合は、[〜プル][〜ブル][〜クル]ではなく、[〜ポォ][〜ボォ][〜コォ]のように発音されます。発音の最後は舌を上の歯ぐきの裏側につけておきます。厳密に言えば日本語の[オ]とは異なりますが、よく似た音です。

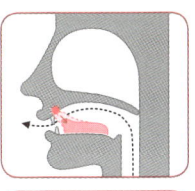

CD1 39

発音 check！
リスニング check！

1 What nice people!

なんといい人たちなんだろう！

2 Would you like some apple juice?

アップルジュースいかがですか。

3 It's almost impossible.

それはほとんど不可能です。

4 That's unbelievable!

信じられない！

5 She can't ride a bicycle.

彼女は自転車に乗れません。

LEVEL 3
ネイティブ度 **50%**

Unit 37 blueの[bl]

イメージ [bulu]ではなく、すばやく [bl]

発音 check!　　🎧　　👄　　リスニング check!

1 blue blue
形 青

2 black black
形 黒

3 blanket blanket
名 ブランケット、毛布

4 bless bless
動 神の加護を祈る

5 blood blood
名 血液

発音のポイント

日本語は子音と母音の連なりですから、英語を発音するときも子音の後に母音を入れがちです。例えば、blueのbとlの間にuを入れて[buluu(ブルー)]と発音しないように注意しましょう。

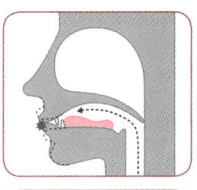

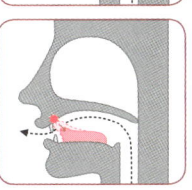

CD1 40

発音 check！　　　　　　　　　　　　　　　　　　　リスニング check！

1 She has blue eyes.

彼女は青い目をしています。

2 I have a black cat.

私は黒ネコを飼っています。

3 Can I have a blanket, please?

〈飛行機内で〉毛布をいただけませんか。

4 Bless you!

〈くしゃみをした人に対して〉お大事に！

5 I'd like to do some blood tests.

血液検査をしてもらいたいのですが。

LEVEL 3
ネイティブ度 50%

Unit 38 excuseの[ks]

イメージ [kusu]ではなく、すばやく[ks]

発音 check！ / リスニング check！

1. **ex**cuse excuse
   動 許す

2. **ex**ercise exercise
   動 運動する

3. bo**x** box
   名 箱

4. ta**x** tax
   名 税金

5. so**ck**s socks
   名 靴下

発音のポイント

前ユニットと同様に、子音と子音(ks)の間に母音(u)を入れて発音しないようにしましょう。excuseのexの部分が日本語風に[エ・ク・ス]とはならず、kとsの間をすばやく発音します。

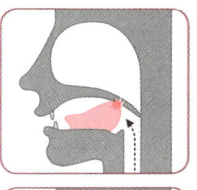

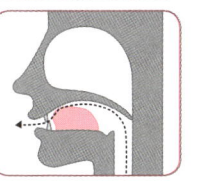

CD1 41

発音 check！ / リスニング check！

1 Excuse me.

すみません。

2 You should exercise.

運動したほうがいいですよ。

3 What's in that box?

その箱には何が入ってるの？

4 It's eight dollars, plus tax.

税別で8ドルです。

5 I can't find my socks.

靴下が見つからない。

Unit 39 stopの[st]

LEVEL 3 ネイティブ度 **50%**

イメージ [suto]ではなく、すばやく [st]

1. **st**op — 動 やめる
2. **st**ay — 動 滞在する
3. **st**amp — 名 切手
4. fa**st** — 形 速く
5. la**st** — 形 この前の、最後の

発音のポイント

外来語で[ストップ]や[スタンプ]のように、[ス]と発音してしまうとsの後ろにuがはっきり聞こえてしまいます。ここではsの後ろに母音のuを入れずに、すばやくtにつなぎましょう。

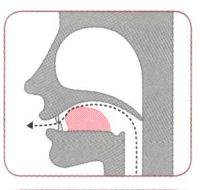

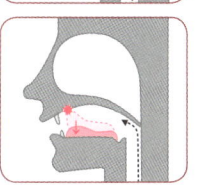

CD1 42

発音 check！　　　　　　　　　　　　　　　　　　　　リスニング check！

1 Will you st op talking?

おしゃべりをやめてもらえませんか。

2 I st ayed at his house.

彼の家に泊りました。

3 I need to buy some st amps.

切手を買わなければなりません。

4 She speaks so fa st.

彼女はとても早口です。

5 We went camping la st weekend.

先週末キャンプに行きました。

ミニクイズ 3

CD1 43

CDで聞こえた単語を選びましょう。

1. (A) **bought** (B) **boat** check! Unit 33, Unit 28
2. (A) **hat** (B) **hot** check! Unit 32, Unit 21
3. (A) **trouble** (B) **travel** check! Unit 1, Unit 32
4. (A) **bug** (B) **bag** check! Unit 1, Unit 32
5. (A) **low** (B) **law** check! Unit 28, Unit 33

CDを聞いて、以下の音で始まる単語を一つだけ選びましょう。

6. [l] check! Unit 34
   (A)　(B)　(C)　(D)

7. [st] check! Unit 39
   (A)　(B)　(C)　(D)

CDを聞いて、以下の音を含む単語を一つだけ選びましょう。

8. [l] check! Unit 35
   (A)　(B)　(C)　(D)

9. [ei] check! Unit 27
   (A)　(B)　(C)　(D)

10. [æ] check! Unit 32
    (A)　(B)　(C)　(D)

ミニクイズ3の答えは122ページにあります。

ミニクイズ2の答え
1. (B)　2. (A)　3. (B)　4. (B)　5. (A)　6. 答 (C)　スクリプト (A) him (B) pin (C) meet (D) dish　7. 答 (D)　スクリプト (A) should (B) cook (C) wool (D) cool　8. 答 (A)　スクリプト (A) hot (B) but (C) cut (D) up　9. 答 (C)　スクリプト (A) pen (B) gun (C) song (D) mean　10. 答 (B)　スクリプト (A) nice (B) whose (C) books (D) kiss

LEVEL 4

ネイティブ度 70%

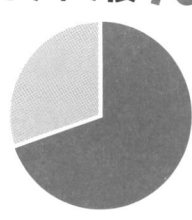

だんだん英語の音に慣れてきましたか。ここまでくると、より舌の位置と唇の形を意識して発音することが大事になってきます。自分の声を録音してみたり、鏡で自分の口を見てみるのもいいかもしれません。

CD2 01 → CD2 11

Unit 40 measureの[ジ]

LEVEL 4 ネイティブ度 **70%**

イメージ アルプスの少女「ハイジ」の「ジ」

1. **measure** measure
   動 測る、メジャー

2. **pleasure** pleasure
   名 喜び

3. **leisure** leisure
   名 余暇、レジャー

4. **decision** decision
   名 決心

5. **vision** vision
   名 視野、ビジョン

発音のポイント

日本語で[ジ]というときには、舌が上の歯ぐきについたりつかなかったりしますが、英語では確実に分けて使います。舌を上の歯ぐきにつける[ジ]（Unit 25）と比較しながら発音の練習をしましょう。

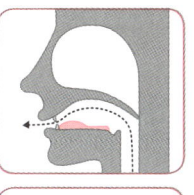

CD2 01

1 Measure the height of the box.

箱の高さを測りなさい。

2 My pleasure.

どういたしまして。

3 I now enjoy more leisure time.

今は余暇をもっと楽しんでるよ。

4 You need to make a decision.

あなたは決断しなければなりません。

5 It's important to have a global vision.

グローバルなビジョンを持つことは大切です。

LEVEL 4 ネイティブ度 **70%**

Unit 41 handsの[dz]

イメージ 「あんず」の「ズ」

発音 check！ / リスニング check！

1. **hands** hands
   名 手

2. **goods** goods
   名 品物

3. **beads** beads
   名 ビーズ

4. **ads** ads
   名 広告（advertisementsの短縮語）

5. **aids** aids
   名 補助器具

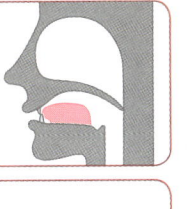

発音のポイント

日本語で［ツ］というときには舌が上の歯ぐきにつきますね。舌をつけたまま濁点をつけて［ヅ］と発音してみてください。例えば「あんず」と言うときに、「ズ」は舌が上の歯ぐきに触れ少し「詰まった」感じの「ズ」の音になります。Unit14と比較しながら練習してみてください。

CD2 02

発音 check！　　　　　　　　　　　　　　　　リスニング check！

1 Wash your hands.
手を洗いなさい。

2 They sell imported goods.
そこでは輸入品を売っています。

3 I made a necklace of beads.
ビーズのネックレスを作ったよ。

4 This magazine has so many ads.
この雑誌は広告がとてもたくさん載っています。

5 Audiovisual aids are very useful.
視聴覚教材はとても役に立ちます。

LEVEL 4

LEVEL 4 ネイティブ度 **70%**

Unit 42 sitの[si]

イメージ [ス]と[イ]を**すばやく**[スィ]

発音 check!			リスニング check!
☐☐	**1** sit	sit	☐☐
			動 座る
☐☐	**2** six	six	☐☐
			名 6
☐☐	**3** city	city	☐☐
			名 街
☐☐	**4** sick	sick	☐☐
			形 病気の
☐☐	**5** sing	sing	☐☐
			動 歌う

発音のポイント

日本語の[シ]とは違い、[ス]と[イ]をすばやく[スィ]と発音します。慣れない場合は、[ス・イ][ス・イ]と何度も言いながら、徐々に速く言ってみてください。

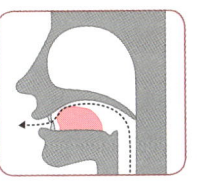

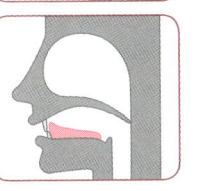

CD2 03

発音 check！ リスニング check！

1 Please sit down.
どうぞお座りください。

2 I'll see you at six.
6時に会いましょう。

3 San Francisco is a beautiful city.
サンフランシスコは美しい街です。

4 I feel sick.
具合が悪い。

5 Do you like to sing?
歌を歌うのは好きですか。

LEVEL 4 ネイティブ度 **70%**

Unit 43 seeの [siː]

イメージ [シー]ではなく **[スィー]**

	発音check!			リスニングcheck!
1		see	see	
				動 見る、わかる
2		sea	sea	
				名 海
3		seat	seat	
				名 座席
4		season	season	
				名 季節
5		seem	seem	
				動 ～のようだ

発音のポイント

前ユニットと同じように、[ス]と[イ]をすばやく[スィー]と伸ばします。日本人は[シー]と発音しがちなので注意が必要です。例えば[スィー]はseeやsea、[シー]はsheで、意味が異なります。Unit 19と比較してください。

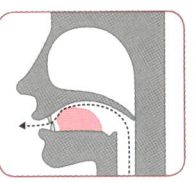

CD2 04

発音 check! リスニング check!

1 I see.

わかりました。

2 We live by the sea.

私たちは海のそばに住んでいます。

3 Have a seat.

座って。

4 Which season do you like best?

どの季節が一番好きですか。

5 He seems like a shy person.

彼は内気な人のようです。

LEVEL 4　ネイティブ度 **70%**

Unit 44　easyの [zi]

イメージ　[ズ]と[イ]をすばやく [ズィ]

発音 check !　　　　　　　　　　　　　　　　　　　　　　リスニング check !

1　ea**sy**　　　easy
　　　　　　　[zi]
　　　　　　　　　　　　形 簡単な

2　bu**sy**　　　busy
　　　　　　　[zi]
　　　　　　　　　　　　形 忙しい

3　di**zz**y　　　dizzy
　　　　　　　[ziː]
　　　　　　　　　　　　形 めまいがする

4　maga**z**ine　　magazine
　　　　　　　　　[ziː]
　　　　　　　　　　　　名 雑誌

5　**ze**bra　　　zebra
　　　　　　　[ziː]
　　　　　　　　　　　　名 シマウマ

発音のポイント

Unit 14の[z]に[i]や[i:]を続けた発音です。日本人は[ジ]や[ジー]になりがちです。[ズ・イ]をすばやく[ズィ(ー)]と発音しましょう。外来の「マガジン」は[マガズィーン]となります。

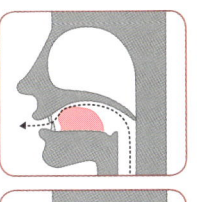

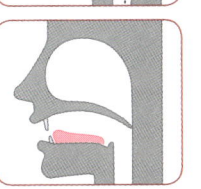

CD2 05

発音 check !　　　　　　　　　　　　　　　　　リスニング check !

1 It's so easy.

とっても簡単よ。

2 I'm busy today.

今日は忙しいです。

3 I feel dizzy.

めまいがするんだ。

4 Do you carry Japanese magazines?

〈お店で〉日本語の雑誌置いてありますか。

5 You can see some zebras in the zoo.

その動物園にはシマウマがいますよ。

Unit 45: tulipの [tjuː]

LEVEL 4 ネイティブ度 **70%**

イメージ　[チュー]ではなくて[テュー]

発音 check！ / リスニング check！

1. **tu**lip　tulip
   名 チューリップ

2. **tu**tor　tutor
   名 家庭教師、チューター

3. **tu**ne　tune
   動 チューニングする

4. **tu**be　tube
   名 チューブ、管

5. **Tu**esday　Tuesday
   名 火曜日

発音のポイント

日本語では「チューリップ」、「チューブ」ですが、英語の発音は[テューリップ]、[テューブ]になりますので注意しましょう。

CD2 06

発音 check !　　　　　　　　　　　　　　　　　　リスニング check !

1 Tulips bloom in May.

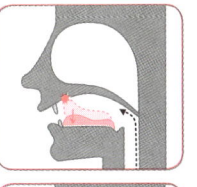

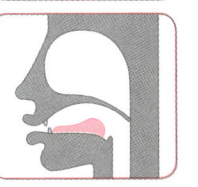

チューリップは5月に咲きます。

2 She is my tutor.

彼女は私の家庭教師です。

3 Tune your guitar.

ギターをチューニングしなさい。

4 I broke the test tube.

試験管を割ってしまった。

5 We had a meeting on Tuesday.

火曜日に会議がありました。

Unit 46: swimmingの[wi]

LEVEL 4 ネイティブ度 **70%**

イメージ 酔っぱらいのしゃっくりの「ウィッ」

発音check! / リスニングcheck!

1. **swimming** swimming [wi] 名 スイミング

2. **switch** switch [wi] 名 スイッチ

3. **window** window [wi] 名 窓

4. **sweet** sweet [wiː] 形 甘い

5. **week** week [wiː] 名 週

発音のポイント

[スイミング][ウインドー]のように母音の[ウ]や[イ]にならないように注意しましょう。Wの音は口を丸めてとがらせ、[ウィ]とすばやく発音します。

CD2 07

発音 check!　　　　　　　　　　　　　　　　リスニング check!

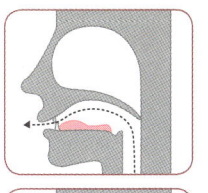

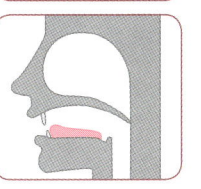

1 Let's go swimming.
泳ぎに行こう。

2 Where is the light switch?
電気のスイッチはどこですか。

3 Could you open the window?
窓を開けてもらえませんか。

4 This cake is too sweet.
このケーキは甘すぎるよ。

5 I stayed in LA for a week.
ロサンゼルスには1週間滞在しました。

Unit 47 wedding の [we]

LEVEL 4 ネイティブ度 **70%**

イメージ　「ウェッ！まずい！」の「**ウェ**」

発音 check !　　　　　　　　　　　　　　　　　　　　　　　　リスニング check !

1. **wedding** wedding
   [we]
   名 結婚式

2. **wet** wet
   [we]
   形 濡れている

3. **went** went
   [we]
   動 行った (go の過去形)

4. **way** way
   [wei]
   名 道

5. **wait** wait
   [wei]
   動 待つ

発音のポイント

[ウエディング] [ウエイ]のように母音の[ウ]や[エ]にならないように注意しましょう。前ユニットと同様にWの音は口を丸めてとがらせ、[ウェ]とすばやく発音します。

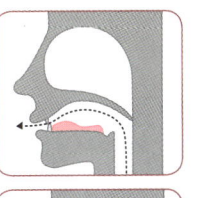

CD2 08

発音 check ! リスニング check !

1 I'm going to attend the wedding tomorrow.
明日、結婚式に出席します。

2 The floor is wet.
床が濡れています。

3 I went to the beach with Jane.
ジェーンとビーチに行きました。

4 Can you tell me the way to the post office?
郵便局への道を教えてもらえませんか。

5 Please wait until he comes.
彼が来るまで待ってください。

LEVEL 4 ネイティブ度 **70%**

Unit 48 woodの[wu]

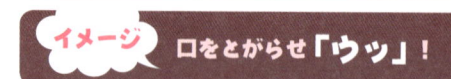

イメージ 口をとがらせ「**ウッ**」！

発音 check！ / リスニング check！

1. **wood** wood
   名 木材

2. **would** would
   助 〜していただけませんか（willの過去形）

3. **woman** woman
   名 女性

4. **wolf** wolf
   名 オオカミ

5. **wool** wool
   名 ウール、羊毛

発音のポイント

woodやwomanを[ウッド][ウーマン]と発音しがちですが、意外に通じません。wi([ウィ])やwe([ウェ])のように口を丸めてとがらせるのがコツです。

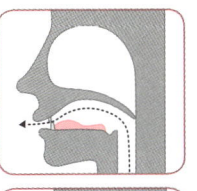

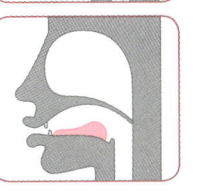

CD2 09

発音 check！　　　　　　　　　　　　　　　　　　　　リスニング check！

1 This floor is made of wood.

この床は木でできています。

2 Would you call me tonight?

今夜電話してもらえませんか。

3 She is a polite woman.

彼女は礼儀正しい女性です。

4 He saw a wolf in the woods.

彼は森でオオカミを見ました。

5 This sweater is made of wool.

このセーターはウールでできています。

LEVEL 4 ネイティブ度 **70%**

Unit 49 questionの [kw]

イメージ: 「クイ」は「**クウィ**」、「クエ」は「**クウェ**」

発音 check！ / リスニング check！

1. **qui**z quiz
   名 クイズ、小テスト

2. **que**stion question
   名 質問

3. **qui**ck quick
   形 速い

4. **quee**n queen
   名 女王

5. **qui**t quit
   動 やめる

＼ 発音のポイント ／

つづりにwは入っていませんが、[kwi]（[クウィ]）や[kwe]（[クウェ]）というwの音が入ります。quの後によく起こる発音です。他にもlanguage（言語）[ラングウィッヂ]などがあります。

CD2 10

発音 check！　　　　　　　　　　　　　　　　　　　リスニング check！

1 We had a quiz yesterday.

昨日小テストがありました。

2 May I ask you a question?

質問してもよろしいでしょうか。

3 Be quick!

急ぎなさい。

4 We saw the queen make a speech.

女王がスピーチをしているのを見ました。

5 He quit his job.

彼は仕事をやめました。

ミニクイズ 4

CD2 11

CDで聞こえた単語を選びましょう。

1. (A) **ship**   (B) **sip**   check! Unit 19, Unit 42
2. (A) **see**   (B) **she**   check! Unit 43, Unit 19
3. (A) **seat**   (B) **sheet**   check! Unit 43, Unit 19
4. (A) **ads**   (B) **as**   check! Unit 41, Unit 14
5. (A) **bees**   (B) **beads**   check! Unit 14, Unit 41

CDを聞いて、以下の音を含まない単語を一つだけ選びましょう。

6. [zi]   check! Unit 44
   (A) (B) (C) (D)

7. [zi:]   check! Unit 44
   (A) (B) (C) (D)

8. [ʒ]   check! Unit 40
   (A) (B) (C) (D)

9. [tʃuː]   check! Unit 45
   (A) (B) (C) (D)

10. [wi:]   check! Unit 46
    (A) (B) (C) (D)

ミニクイズ4の答えは140ページにあります。

ミニクイズ3の答え
1. (A) 2. (B) 3. (B) 4. (A) 5. (A) 6. 答 (B) スクリプト (A) book (B) look (C) cook (D) took 7. 答 (D) スクリプト (A) sky (B) spy (C) smile (D) stay 8. 答 (B) スクリプト (A) walk (B) help (C) hope (D) talk 9. 答 (A) スクリプト (A) date (B) net (C) happy (D) set 10. 答 (D) スクリプト (A) but (B) August (C) top (D) back

LEVEL 5

ネイティブ度 80%

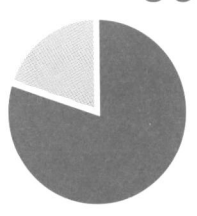

日本人が苦手とされる[r]の音が登場します。意外と難しくないと感じるのではないでしょうか。苦手意識を取り除いて、「できる」「やれる」と自信を持つことも上達するための秘訣です。

CD2 12 → CD2 20

Unit 50 rightの[r]

LEVEL 5 ネイティブ度 80%

イメージ 口先をすぼめて [ウー]

発音 check！ / リスニング check！

1. **r**ed — 形 赤
2. **r**ead — 動 読む
3. **r**eady — 形 準備ができている
4. **r**oad — 名 道
5. **r**ight — 形 正しい

発音のポイント

唇を丸めとがらせるのがコツです。舌は上方にそらしますが、上の歯ぐきにはつかないようにするのがポイントです。難しく感じる場合は、rを発音する前に[ゥー]をつけて言ってみましょう。例えば、redの場合は[ゥーレッドゥ]と言ってみましょう。

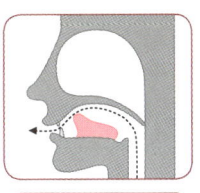

CD2 12

発音 check！　　　　　　　　　　　　　　　　　　リスニング check！

1 Robert bought a red sports car.
ロバートは赤いスポーツカーを買ったよ。

2 You should read more books.
もっと本を読んだほうがいいよ。

3 Are you ready to go?
出かける準備はできた？

4 Go down this road for two blocks.
この道を2ブロックまっすぐ行ってください。

5 Are you all right?
大丈夫ですか。

LEVEL 5

LEVEL 5 ネイティブ度 **80**%

Unit 51 — try の [tr]

イメージ: [トゥル] や [チュル] のように

発音check!			リスニングcheck!
☐☐	1 **try**	try	☐☐
		動 やってみる	
☐☐	2 **tree**	tree	☐☐
		名 木	
☐☐	3 **trick**	trick	☐☐
		名 いたずら	
☐☐	4 **trouble**	trouble	☐☐
		名 困難	
☐☐	5 **true**	true	☐☐
		形 本当の	

発音のポイント

trを1つの音として捉えましょう。2つの子音を同時に素早く発音してみましょう。[トライ]の[ト]や[ツリー]の[ツ]は、[トゥ]や[チュ]に近く発音しましょう。

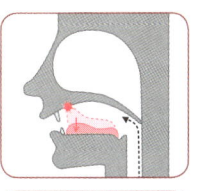

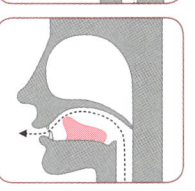

CD2 13

発音 check !　　　　　　　　　　　　　　　　　　　　リスニング check !

1 Let's tr y again.

もう一度やってみよう。

2 I bought a big Christmas tr ee.

大きいクリスマスツリーを買ったよ。

3 Tr ick or treat!

〈ハロウィンの夜の子どもたちのかけ声〉お菓子くれないといたずらするよ!

4 He is in tr ouble.

彼は困ったことになっています。

5 It can't be tr ue.

それは本当のはずがない。

LEVEL 5 ネイティブ度 **80%**

Unit 52 streetの [str]

イメージ [ストゥル]や[スチュル]のように

発音check! / リスニングcheck!

1. **str**eet street 名 通り

2. **str**aight straight 形 まっすぐに

3. **str**ong strong 形 強い

4. **str**ess stress 名 ストレス

5. **str**awberry strawberry 名 イチゴ

発音のポイント

streetは[sutoriito(ストリート)]のようにsとtの後に母音を入れないように注意しましょう。strをなめらかにつないで発音しましょう。

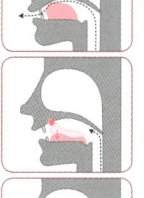

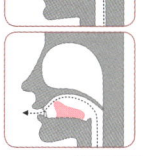

CD2 14

発音 check ! リスニング check !

1 It's across the str|eet.

それは通りの向こう側にありますよ。

2 I went str|aight back home.

まっすぐ家に帰ったよ。

3 He is so str|ong.

彼ってとても強いの。

4 I'm feeling a lot of str|ess.

とてもストレスを感じています。

5 I'd like a str|awberry ice cream.

ストロベリーアイスクリームをお願いします。

LEVEL 5 ネイティブ度 80%

Unit 53 drinkの[dr]

イメージ [ドゥル]や[ジュル]のように

1. **dr**ink　drink　動 飲む
2. **dr**y　dry　動 乾かす
3. **dr**eam　dream　名 夢
4. **dr**op　drop　動 落とす
5. **dr**ess　dress　名 ドレス

＼ 発音のポイント ／

drinkは[dorinku(ドリンク)]ではなく[ドゥリンク]と[ジュリンク]の間くらいの音だと思って発音してみましょう。[dr]を1つの音として捉え素早く発音してみましょう。

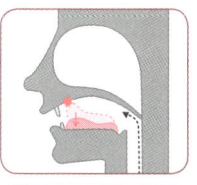

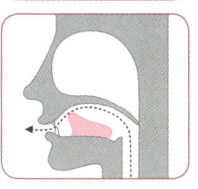

CD2 15

発音 check ! リスニング check !

1 Drink your milk.

ミルクを飲みなさい。

2 Dry your hair.

髪を乾かしなさい。

3 My dream has come true.

夢が叶いました。

4 You dropped your wallet.

財布を落としましたよ。

5 I like your red dress.

あなたの赤いドレス素敵ですね。

LEVEL 5 ネイティブ度 **80%**

Unit 54 brownの[br]

イメージ bの後すぐに舌先を丸める

発音 check！　　🎧　　👄　　リスニング check！

1. **br**own　brown
   形 茶色

2. **br**ing　bring
   動 持ってくる

3. **br**eak　break
   動 壊れる

4. **br**idge　bridge
   名 橋

5. **br**anch　branch
   名 支社

発音のポイント

bとrを連続して素早く発音します。bの後に母音の[u]を入れ[bu(ブ)]とならないようにしましょう。rは舌先を日本語のラ行の音のように上の歯ぐきにはつけません。Unit 50を参考にしてください。

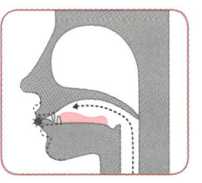

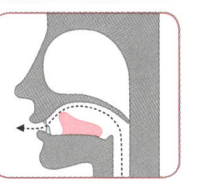

CD2 16

発音 check ! リスニング check !

1 Maria has br own eyes.

マリアは茶色い目をしています。

2 Just br ing yourself.

〈パーティーに誘うとき〉何も持ってこなくていいですよ。

3 It br eaks easily.

それは壊れやすいです。

4 We crossed the long br idge.

私たちは長い橋を渡りました。

5 I have to go to our Nagoya br anch.

名古屋支社に行かなければなりません。

LEVEL 5 ネイティブ度 80%

Unit 55 presentの [pr]

イメージ pの後すぐに舌先を丸める

発音 check！ / リスニング check！

1. **present** present 名 プレゼント
2. **practice** practice 動 練習する
3. **price** price 名 値段
4. **problem** problem 名 問題
5. **promise** promise 動 約束する

発音のポイント

pを発音した直後、すばやく舌先を丸めるのがコツです。rの発音は舌先を上の歯ぐきにつけないことがポイントです。

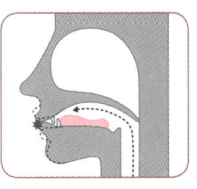

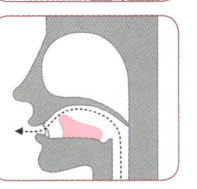

CD2 17

発音 check！
リスニング check！

1 This is a pr esent for you.

これはあなたへのプレゼントです。

2 I pr actice the guitar every day.

私は毎日ギターを練習します。

3 Oil pr ices keep rising.

原油の価格が上がり続けています。

4 No pr oblem.

問題ないですよ。

5 I pr omise.

約束します。

LEVEL 5　ネイティブ度 **80%**

Unit 56　hardの [ɑr]

イメージ　大口を開けて「あ〜」とあくびをする感じ

発音 check !　　　　　　　　　　　　　　　　　　　　　　リスニング check !

1. **hard**　hard
   副 激しく

2. **park**　park
   動 駐車する

3. **star**　star
   名 星

4. **far**　far
   形 遠い

5. **heart**　heart
   名 こころ

発音のポイント

英語にはいろんな[ア]の音があります。ここでは口を大きく開けて、口の中を広くしてあくびのように「あ～～～」と言いながら、舌先を丸めましょう。

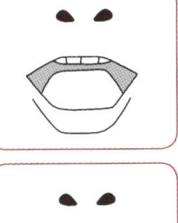

CD2 18

発音 check! リスニング check!

1 It's raining so hard.
雨がひどく降っています。

2 Where did you park your car?
どこに車を駐車しましたか。

3 We saw a lot of stars.
星がたくさん見えました。

4 How far is it?
それはどのくらいの距離ですか。

5 David has a kind heart.
デイヴィッドは優しいこころの持ち主です。

LEVEL 5 ネイティブ度 80%

Unit 57 doorの[ɔr]

イメージ 何かに感心したときの「お〜」

1. **door** door
   名 ドア

2. **warm** warm
   形 暖かい

3. **corn** corn
   名 とうもろこし

4. **store** store
   名 店

5. **pork** pork
   名 豚肉、ポーク

発音のポイント

日本語では、idea(アイディア)とdoor(ドア)のようにaの音もrの音もカタカナの「ア」で表記しますが、この2つは異なる音です。ここでは、はっきり[オー]と言った直後に、舌先を丸めるのがポイントです。

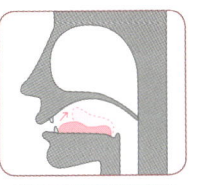

CD2 19

発音 check！ リスニング check！

1 Let me hold the door for you.
ドアを押さえてあげましょう。

2 It's warm today.
今日は暖かいですね。

3 Let's buy some pop corn.
ポップコーンを買おう。

4 We went to a department store.
デパートに行きました。

5 Do you like pork?
ポークは好きですか。

ミニクイズ 5

CD2 20

CDで聞こえた単語を選びましょう。

1. (A) right (B) light check! Unit 50, Unit 34
2. (A) lead (B) read check! Unit 34, Unit 50
3. (A) try (B) dry check! Unit 51, Unit 53
4. (A) bride (B) pride check! Unit 54, Unit 55
5. (A) corn (B) cone check! Unit 57, Unit 28
6. (A) caught (B) court check! Unit 33, Unit 57

CDを聞いて、以下の音を含む単語を一つだけ選びましょう。

7. [r] check! Unit 50
   (A) (B) (C) (D)

8. [ɑr] check! Unit 56
   (A) (B) (C) (D)

9. [dr] check! Unit 53
   (A) (B) (C) (D)

10. [pr] check! Unit 55
    (A) (B) (C) (D)

ミニクイズ5の答えは160ページにあります。

ミニクイズ4の答え
1. (B) 2. (B) 3. (A) 4. (B) 5. (B) 6. 答 (C) スクリプト (A) busy (B) lazy (C) ecology (D) easy 7. 答 (B) スクリプト (A) magazine (B) hygiene (C) limousine (D) cuisine 8. 答 (D) スクリプト (A) leisure (B) pleasure (C) measure (D) major 9. 答 (B) スクリプト (A) tulip (B) choose (C) tuning (D) tutor 10. 答 (A) スクリプト (A) employee (B) between (C) Halloween (D) sweet

LEVEL 6

ネイティブ度 90%

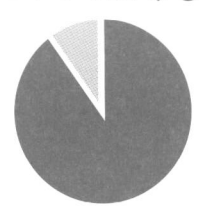

CDを何度も聞いて練習しましょう。発音力がアップすれば、リスニング力も自然とアップします。聞こえたままにすらすらと英語が言えるようになればかなりの力がついています。

CD2 21 → CD2 30

LEVEL 6 ネイティブ度 **90%**

Unit 58 beerの[iər]

イメージ [イ]の後に[ア]を軽く添える

発音check! / リスニングcheck!

1. **b**eer / beer
   名 ビール

2. **ear** / ear
   名 耳

3. h**ere** / here
   副 ここ

4. n**ear** / near
   副 近く

5. ch**eer** / cheer
   形 元気づく

発音のポイント

[イ]を強めに発音し[ァ]を軽く添え、例えばbeerは[ビァ]、earは[イァ]、hereは[ヒァ]となります。[ァ]と同時に舌先を丸めるのがポイントです。

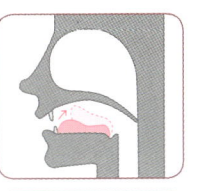

CD2 21

1 I'll have a glass of beer.

ビールを一杯いただきます。

2 My ears are ringing.

耳鳴りがします。

3 Here you are.

〈物を手渡すとき〉はい、どうぞ。

4 She lives near my house.

彼女は私の家の近くに住んでいます。

5 Cheer up!

がんばって！(くよくよするな！)

Unit 59: hairの [εər]

LEVEL 6 ネイティブ度 **90%**

イメージ: [エ]の後ろに[ア]を軽く添える

発音check! / リスニングcheck!

1. **h**air — hair 名 髪
2. **air** — air 名 空気、空
3. **c**are — care 名 世話
4. **b**ear — bear 名 クマ
5. **w**ear — wear 動 身につける

発音のポイント

日本語ではhair、air、careをそれぞれ[ヘア]、[エア]、[ケア]と表記しますが、語尾はどれも母音の[ア]ではなく[r]の音です。[エ]を強く発音し、[ア]を軽く添えながら舌先を少し丸めて発音しましょう。口は少し横に開きましょう。

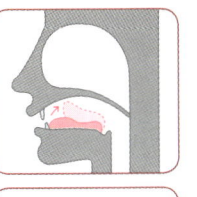

CD2 22

発音 check！
リスニング check！

1 She has long hair.

彼女は長い髪をしています。

2 Please send this by air mail.

これを航空便で送ってください。

3 Take care.

〈別れるときのあいさつ〉じゃあ。

4 She has a big teddy bear.

彼女は大きなテディベアを持っています。

5 He wears glasses.

彼はメガネをかけています。

LEVEL 6 ネイティブ度 90%

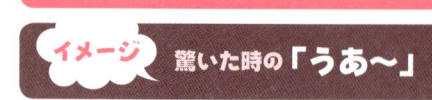

Unit 60 — poorの[uər]

イメージ 驚いた時の「うあ〜」

1. **poor** — poor
   形 貧しい

2. **tour** — tour
   名 旅行

3. **your** — your
   代 あなたの

4. **sure** — sure
   形 確信している

5. **insurance** — insurance
   名 保険

発音のポイント

唇を丸め口をとがらせ、強くはっきり[ウ]と言った直後に、軽く[ァ]を添えるように発音してみましょう。ここでも語尾は[r]の音ですので、最後は舌先を少し丸めましょう。

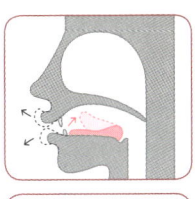

1 We should help poor people.

私たちは貧しい人たちを助けなければなりません。

2 I want to be a tour guide.

ツアーガイドになりたいです。

3 It's not your fault.

あなたのせいではありません。

4 Are you sure?

間違いないですか。

5 Linda works for an insurance company.

リンダは保険会社に勤めています。

LEVEL 6 ネイティブ度 **90%**

Unit 61 workの [ər]

イメージ 口はあまり開かずに [（ア＋ウ）ー]

発音 check！ / リスニング check！

1. **w**or**k** work
   動 働く

2. g**ir**l girl
   名 女の子

3. h**ear**d heard
   動 聞いた（hearの過去形）

4. **ear**ly early
   副 早く

5. teach**er** teacher
   名 先生

発音のポイント

口を少しだけ開き、犬が[ウー]となるまねをするような感じです。両唇に人差し指をくわえ、両唇が人差し指から離れないようにして練習しましょう。ここでも同じく[r]の音ですので、舌先を少し丸めましょう。

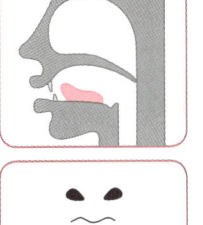

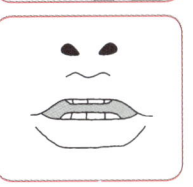

CD2 24

発音 check !　　　　　　　　　　　　　　　　　　リスニング check !

1 Bill works in Chicago.

ビルはシカゴで働いています。

2 Rachel is a good girl.

レイチェルはいい子ですよ。

3 I heard the news.

そのニュースは聞きました。

4 I usually get up early.

私はたいてい早く起きます。

5 He is my English teacher.

彼女は私の英語の先生です。

LEVEL 6 ネイティブ度 **90%**

Unit 62 yellowの[j]

イメージ イェイ！の「イェ」

発音 check！ / リスニング check！

1. **y**ellow — yellow
   形 黄色

2. **y**en — yen
   名 円

3. **y**ell — yell
   動 叫ぶ

4. **y**esterday — yesterday
   副 昨日

5. **y**ear — year
   名 年

発音のポイント

日本語のヤ行はya(ヤ)、yu(ユ)、yo(ヨ)だけですが、英語にはyi(イィ)、ye(イェ)もあると考えましょう。yearやyellowは[イヤー][イエロー]とはっきりとした[イ]では始まらず、舌の奥を上の歯ぐきのほうに上げ、[イィ][イェ]のように発音しましょう。

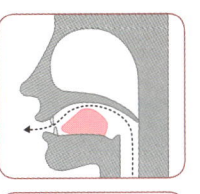

CD2 25

発音 check !   リスニング check !

1 Can you see that yellow sign?

あの黄色い標識が見えますか。

2 I bought it at a hundred-yen store.

100円ショップで買いました。

3 She yelled at me.

彼女は私に向かって叫びました。

4 What did you do yesterday?

昨日は何をしましたか。

5 Happy New Year!

あけましておめでとうございます!

LEVEL 6 ネイティブ度 **90%**

Unit 63　foodの[f]

イメージ 上の歯を下の唇に軽く乗せ［ファ・フィ・フ・フェ・フォ］

1. **food** food
   名 食べ物

2. **four** four
   名 4

3. **first** first
   形 最初の、一番の

4. **knife** knife
   名 ナイフ

5. **enough** enough
   副 十分な

発音のポイント

上の歯を下の唇に乗せて、歯と唇の間から「フ」と息を強く出しましょう。例えば、英語のfoodのfと、日本語発音の[フード]のように両唇の間から息を出す日本語の「フ」を比べてみましょう。

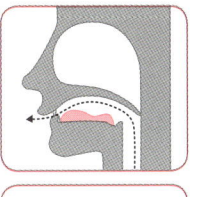

CD2 26

1. Do you like Japanese food?
   和食は好きですか。

2. Please make four copies of each.
   それぞれ4部コピーをとってください。

3. He won first prize.
   彼は優勝しました。

4. Cut the cake with a knife.
   ナイフでケーキを切ってください。

5. Enough is enough.
   もう十分だ。(もううんざりだ)

Unit 64 veryの[v]

LEVEL 6 ネイティブ度 **90%**

イメージ 上の歯を下の唇に乗せ[ヴァ・ヴィ・ヴ・ヴェ・ヴォ]

1. **very** very
   形 とても

2. **vacation** vacation
   名 休暇

3. **have** have
   動 持っている

4. **give** give
   動 与える

5. **love** love
   動 とても好き

発音のポイント

[f]と同じように、上の歯を下の唇に軽く乗せます。[f]は息だけが出ますが、[v]は息だけではなく[ヴ]と声を出しましょう。Unit6の[b]の音(両唇を合わせたバ行の音)と混同しないようにしましょう。

CD2 27

発音 check！　　　　　　　　　　　　　　　　　　　リスニング check！

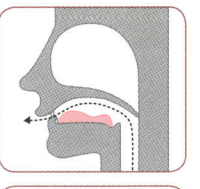

1 You did a very good job.
よくできました。

2 How was your vacation?
休暇はどうでしたか。

3 Do you have the time?
今何時ですか。

4 Can you give me ten minutes?
10分待ってもらえませんか。

5 I love you so much.
あなたのことがとても好きです。

LEVEL 6

LEVEL 6 ネイティブ度 **90**%

Unit 65 — fly の [fl]

イメージ　「ふらっふら」の「フラ」

発音 check！　　　　　　　　　　　　　　　　　　　　　　リスニング check！

1 **fly**　　fly
動 飛ぶ、(時間が早く)過ぎる

2 **flight**　　flight
名 フライト、飛行

3 **flag**　　flag
名 旗

4 **flower**　　flower
名 花

5 **floor**　　floor
名 床、階

発音のポイント

上の歯を下唇に乗せ勢いよく[フ]と言った後、すぐに舌を上の歯の裏側につけます。日本語のラ行の音のように舌が上の歯ぐきの真ん中くらいにつかないように注意しましょう。

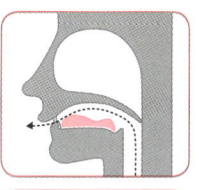

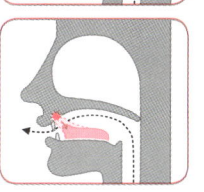

CD2 28

発音 check！ リスニング check！

1 Time fl ies.
時間がたつのは早いですね。

2 We missed the fl ight.
飛行機に乗り遅れました。

3 Let's put up the fl ag.
旗を掲げよう。

4 I gave her some fl owers.
彼女に花をあげました。

5 His room is on the second fl oor.
彼の部屋は2階です。

LEVEL 6 ネイティブ度 90%

Unit 66 — fryの[fr]

イメージ: 舌を巻きぎみに「古っ！」

発音check!				リスニングcheck!
☐☐	1	**fry** / fry	動 炒める	☐☐
☐☐	2	**free** / free	形 無料の	☐☐
☐☐	3	**fresh** / fresh	形 新鮮な	☐☐
☐☐	4	**Friday** / Friday	名 金曜日	☐☐
☐☐	5	**friend** / friend	名 友だち	☐☐

発音のポイント

上の歯を下唇に乗せ勢いよく[フ]と言った後、すぐに舌を上方にそらしましょう。そのときに、日本語のラ行の音のように舌が上の歯ぐきにつかないように注意しましょう。

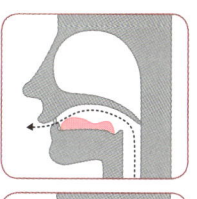

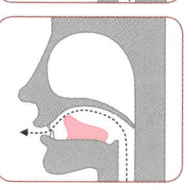

CD2 29

発音 check！ リスニング check！

1 Fry the vegetables.

野菜を炒めてください。

2 I got a free ticket.

無料のチケットが手に入りました。

3 Let's get some fresh air.

新鮮な空気を入れましょう。

4 She is leaving on Friday.

彼女は金曜日に出発します。

5 He is a friend of mine.

彼は私の友だちです。

LEVEL 6

ミニクイズ 6

CD2 30

CDで聞こえた単語を選びましょう。

1. (A) here   (B) hair   check! Unit 58, Unit 59
2. (A) work   (B) walk   check! Unit 61, Unit 33
3. (A) heard   (B) hard   check! Unit 61, Unit 56
4. (A) year   (B) ear   check! Unit 62, Unit 58
5. (A) very   (B) berry   check! Unit 64, Unit 6
6. (A) fly   (B) fry   check! Unit 65, Unit 66

CDを聞いて、以下の音を<u>含まない</u>単語を一つだけ選びましょう。

7. [f]   check! Unit 63 （Unit 15と比較）
   (A) (B) (C) (D)

8. [ɑr]   check! Unit 56 （Unit 61と比較）
   (A) (B) (C) (D)

9. [ɔr]   check! Unit 61 （Unit 56と比較）
   (A) (B) (C) (D)

10. [v]   check! Unit 64 （Unit 6と比較）
    (A) (B) (C) (D)

ミニクイズ6の答えは174ページにあります。

ミニクイズ5の答え
1. (A) 2. (A) 3. (A) 4. (A) 5. (B) 6. (B) 7. 答 (A) スクリプト (A) road (B) long (C) lake (D) last 8. 答 (D) スクリプト (A) pork (B) taught (C) awful (D) star 9. 答 (C) スクリプト (A) bring (B) bright (C) drink (D) branch 10. 答 (A) スクリプト (A) price (B) bring (C) brown (D) brain

LEVEL 7

ネイティブ度 100%

変化する[t]や[d]の音、舌を歯の間に挟んで出す音など、最終レベルにふさわしい音が出てきます。CDやイラスト、発音のポイントを参考にしてネイティブになりきって練習しましょう。

CD2 31 → CD2 37

LEVEL 7
ネイティブ度 **100%**

Unit 67　thinkの[θ]

イメージ 舌先を歯の間にはさみ、[ス]と息を出す

発音check！ / リスニングcheck！

1. **th**ink think 動 思う
2. **th**ank thank 動 感謝する
3. **th**ree three 名 3
4. **th**row throw 動 投げる
5. **th**ing thing 名 物、事

発音のポイント

舌先を上下の歯の間に軽く置きます。発音するときに舌を歯に擦らせながら口の中のほうに移動させます。日本語の「サ行」の音にならないように注意しましょう。

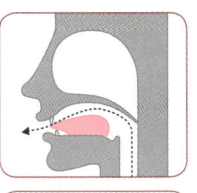

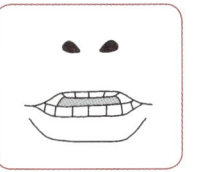

CD2 31

発音 check! / リスニング check!

1 What do you think?
どう思いますか。

2 Thank you for your help.
手助けしてくれてありがとう。

3 She has three children.
彼女には3人子どもがいます。

4 Just throw it away.
捨ててください。

5 I have so many things to do today.
今日はすることがたくさんあります。

LEVEL 7 ネイティブ度 100%

Unit 68 theyの[ð]

イメージ 舌先を歯の間にはさみ、「ズ」と声を出す

発音check！ / リスニングcheck！

1. **th**ey / they
   代 彼ら

2. **th**at / that
   代 それ

3. **th**ere / there
   副 そこ

4. bro**th**er / brother
   名 兄弟

5. wea**th**er / weather
   名 天気

発音のポイント

Unit 67と同様に、舌先を上下の歯の間に軽く置き、舌と歯を摩擦させます。息だけではなく声を出します。[θ]に「濁点」がついたような発音になります。日本語の「ザ行」の音と区別しましょう。

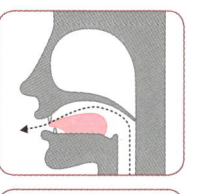

CD2 32

発音 check !

リスニング check !

1 They are my friends.

彼らは私の友だちです。

2 That's right.

その通りです。

3 I'll be there in a minute.

すぐそちらに参ります。

4 Do you have brothers or sisters?

ご兄弟(姉妹)はいらっしゃいますか。

5 How is the weather in New York?

ニューヨークの天気はどうですか。

LEVEL 7 ネイティブ度100%

Unit 69 littleの[t]

イメージ 日本語の**ラ行やダ行**のようになる

発音check！ / リスニングcheck！

1. **li tt le** little 形 少し

2. **be tt er** better 形 より良い（goodの比較級）

3. **wa t er** water 名 水

4. **par t y** party 名 パーティー

5. **beau t iful** beautiful 形 美しい

発音のポイント

tをはっきり発音せず、日本語のラ行やダ行のように発音します。例えば、littleは[リロォ]や[リドォ]、betterは[ベラー]や[ベダー]のように発音してみましょう。

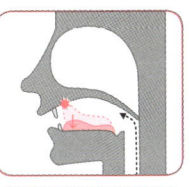

CD2 33

発音 check！
リスニング check！

1 A little bit.

ちょっとだけ。

2 She is better than I am.

彼女は私よりも上手です。

3 Can I have some water, please?

お水をいただけますか。

4 How was the party?

パーティーはどうでしたか。

5 She is so beautiful.

彼女は本当にきれいだ。

Unit 70 centerの[t]

LEVEL 7 ネイティブ度 100%

イメージ tが消えて、**ナ行**の音になる

発音 check！ / リスニング check！

1 center center
名 センター、総合施設

2 international international
形 国際的な

3 Internet Internet
名 インターネット

4 twenty twenty
名 20

5 counter counter
名 カウンター

発音のポイント

「tが消えてしまう」と思って発音してみましょう。この現象はnの後にtが続くときに起こります。例えば、centerは[セナー]、twentyは[トゥウェニー]という感じで発音してみましょう。

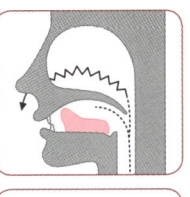

CD2 34

発音 check！ / リスニング check！

1 This is our new community center.
これが私たちの新しいコミュニティーセンターです。

2 The bus goes to the international terminal.
バスは国際線ターミナルに行きます。

3 You can find it on the Internet.
インターネットで探してみて。

4 She has just turned twenty.
彼女は20歳になったばかりです。

5 They are on the counter.
カウンターの上にありますよ。

LEVEL 7 ネイティブ度 100%

Unit 71 buttonの[t]

イメージ tを口の中で飲みこむ！

発音 check! / リスニング check!

1. **button** button
   名 ボタン

2. **curtain** curtain
   名 カーテン

3. **certainly** certainly
   副 確かに

4. **rotten** rotten
   形 腐っている

5. **written** written
   動 書かれた（writeの過去分詞）

発音のポイント

t音を[トゥ]と口から息を出さずに鼻から「ン」と音を抜きます。例えばbuttonは[バ(トゥ)ン]のように発音します。舌先を上の歯ぐきにつけたまま「ん〜」とうなずくように発音してみましょう。

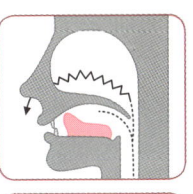

CD2 35

発音 check！　　　　　　　　　　　　　　　　　　リスニング check！

1 The button came off.
ボタンがとれた。

2 Shall I open the curtain for you?
カーテンを開けましょうか。

3 Certainly not.
もちろん違いますよ。

4 This meat is rotten.
この肉は腐っています。

5 Everything is written in English.
すべて英語で書かれています。

LEVEL 7 ネイティブ度 100%

Unit 72 gardenの[d]

イメージ dを口の中で飲みこむ！

発音 check！ / リスニング check！

1. **gar**d**en** garden
   名 庭

2. **par**d**on** pardon
   動 許す

3. **su**dd**enly** suddenly
   副 突然

4. **shoul**d**n't** shouldn't
   助 〜するべきではない

5. **coul**d**n't** couldn't
   助 〜できなかった（can'tの過去形）

発音のポイント

Unit 71のt音と同じように、d音を[ドゥ]と発音せずに鼻から「ン」と音が抜ける感じで発音します。例えばgardenは[ガー⁽ドゥ⁾ン]と発音してみましょう。

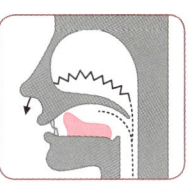

CD2 36

発音 check！ / リスニング check！

1 The rose garden is open now.
今バラ園がオープンしていますよ。

2 Pardon me.
すみません。

3 The bus stopped suddenly.
バスが突然停まりました。

4 You shouldn't skip lunch.
お昼ご飯抜きはよくないですよ。

5 I couldn't sleep well last night.
夕べはよく眠れませんでした。

LEVEL 7

ミニクイズ 7

CD2 37

CDで聞こえた単語を選びましょう。

1. (A) **think**   (B) **sink**   check! Unit 67, Unit 42
2. (A) **thirst** (B) **first**   check! Unit 67, Unit 63
3. (A) **slow**   (B) **throw**   check! Unit 11, Unit 67
4. (A) **sing**   (B) **thing**   check! Unit 42, Unit 67
5. (A) **there**   (B) **dare**   check! Unit 68, Unit 8
6. (A) **frill**   (B) **thrill** check! Unit 66, Unit 67

CDを聞いて、以下の音を含む単語を一つだけ選びましょう。

7. [θ]   check! Unit 67 (Unit 11と比較)
   (A) (B) (C) (D)

8. [ð]   check! Unit 68 (Unit 14と比較)
   (A) (B) (C) (D)

9. [ð]   check! Unit 68 (Unit 14と比較)
   (A) (B) (C) (D)

10. ラ行やダ行のように変化する [t]   check! Unit 69
    (A) (B) (C) (D)

ミニクイズ7の答えは44ページにあります。

ミニクイズ6の答え
1. (B) 2. (B) 3. (A) 4. (A) 5. (B) 6. (B) 7. 答 (B) スクリプト (A) food (B) who (C) famous (D) find 8. 答 (C) スクリプト (A) radar (B) star (C) sugar (D) seminar 9. 答 (D) スクリプト (A) girl (B) pearl (C) bird (D) guard 10. 答 (D) スクリプト (A) vegetable (B) view (C) value (D) belt

口トレ
10連発

Level 1〜Level 7までに練習してきた成果を試しましょう。今までの練習で、英語口、英語耳ができあがっているはずです。まだ、練習が不十分だと感じた場合は、その音のユニットに戻って確認しましょう。

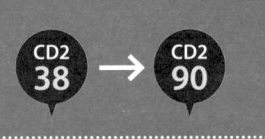

CD2 38 → CD2 90

ロトレ 1 外来語①

意味→単語→リピートポーズ→単語→リピートポーズ→例文→リピートポーズ

1. **chocolate**
   チョコレート
   こう言う！ **チョ**カリッ

2. **model**
   モデル
   こう言う！ **マ**ーロォ

3. **tunnel**
   トンネル
   こう言う！ **タ**ノォ

4. **career**
   キャリア
   こう言う！ カ**リ**ア

5. **Twitter**
   ツイッター
   こう言う！ トゥ**ウィ**ラー

口トレ到達度 check

1　2　3　4　5

1　2　3　4　5

CD2 38

1 I love chocolate.

私はチョコレートが大好きです。

2 She can be a model.

彼女はモデルになれるね。

3 This is a long tunnel.

長いトンネルですね。

4 He has a long career in education.

彼は教育のキャリアが長いです。

5 I often use Twitter.

私はよくツイッターをします。

ロトレ 2 外来語②

CD 意味→単語→リピートポーズ→単語→リピートポーズ→例文→リピートポーズ

1. **total**
   トータル
   こう言う！ **ト**ウロォ

2. **alcohol**
   アルコール
   こう言う！ **ア**オカホーォ

3. **cotton**
   コットン
   こう言う！ **カ**(トゥ)ン

4. **Costco**
   コストコ
   こう言う！ **カ**スコゥ

5. **McDonald's**
   マクドナルド
   こう言う！ マク**ダ**ーナォヅ

口トレ到達度 check

1 2 3 4 5

1 2 3 4 5

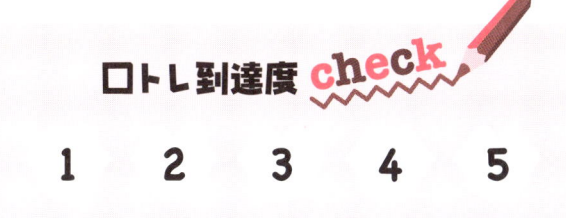

CD2 39

1 What is the total?

トータル（合計）いくらになりますか。

2 I don't drink alcohol.

アルコールは飲めません。

3 This shirt is made of 100 % cotton.

このシャツはコットン100％でできています。

4 We went to Costco to buy some food.

食べ物を買いにコストコに行きました。

5 She works for McDonald's.

彼女はマクドナルドで働いています。

口トレ 3 外来語③

意味→単語→リピートポーズ→単語→リピートポーズ→例文→リピートポーズ

1 oven
オーブン
こう言う！ **ア**ヴン

2 onion
オニオン
こう言う！ **ア**ニアン

3 front
フロント
こう言う！ フ**ラ**ントゥ

4 monkey
モンキー
こう言う！ **マ**ンキー

5 London
ロンドン
こう言う！ **ラ**ンドゥン

口トレ到達度 check

1　2　3　4　5

1　2　3　4　5

CD2 40

1 Just put it in the oven.

オーブンに入れなさい。

2 He doesn't like onions.

彼は玉ねぎが嫌いです。

3 Why don't you call the front desk?

フロントに電話してみてはどうですか。

4 Monkey see, monkey do.

猿のものまねだ。(他人のまねをするだけ)

5 London is my favorite city.

ロンドンは私の好きな街です。

ロトレ 4 外来語④

🎧 意味①→語句①→リピートポーズ→意味②→語句②→リピートポーズ

1	**チップ**	chip（ポテトチップス）	⇒Unit 12
		tip（サービスのために払うチップ）	⇒Unit 26
2	**トラック**	truck（車のトラック）	⇒Unit 1
		track（陸上のトラック）	⇒Unit 32
3	**レース**	lace（カーテンのレース）	⇒Unit 34
		race（競争のレース）	⇒Unit 50
4	**メジャー**	major（メジャーリーグ）	⇒Unit 25
		measure（長さを測るメジャー）	⇒Unit 40
5	**ホール**	hole（ホールインワン）	⇒Unit 28
		hall（コンサートホール）	⇒Unit 33

口トレ到達度 check

1　2　3　4　5

1　2　3　4　5

CD2 41

1　potato chips ／ leave a tip
　　（ポテトチップス）　（チップを置く）

2　a truck driver ／ around the track
　　（トラックの運転手）　（トラックの周り）

3　lace curtains ／ win the race
　　（レースのカーテン）　（レースに勝つ）

4　the Major Leagues ／ a tape measure
　　（メジャーリーグ）　（メジャー〈巻尺〉）

5　a hole in one ／ a concert hall
　　（ホールインワン）　（コンサートホール）

ロトレ 5 外来語⑤

意味①→語句①→リピートポーズ→意味②→語句②→リピートポーズ

1	**フォーク**	folk（フォークソング）	⇒Unit 28
		fork（食器のフォーク）	⇒Unit 57
2	**ボール**	ball（サッカーのボール）	⇒Unit 33
		bowl（食べ物を入れるボール）	⇒Unit 28
3	**カラー**	color（カラープリンタ）	⇒Unit 1
		collar（ホワイトカラー）	⇒Unit 21
4	**イヤー**	ear（イヤホン）	⇒Unit 2
		year（ニューイヤー）	⇒Unit 62
5	**ジュース**	juice（飲むジュース）	⇒Unit 25
		deuce（テニスなどのジュース）	⇒Unit 8

口トレ到達度 check

1 2 3 4 5

1 2 3 4 5

CD2 42

1 a folk song（フォークソング） / a knife and fork（ナイフとフォーク）

2 throw the ball（ボールを投げる） / a salad bowl（サラダボール）

3 color printing（カラー印刷） / white-collar（ホワイトカラー）

4 earphones（イヤホン） / Happy New Year!（ハッピーニューイヤー）

5 apple juice（アップルジュース） / go to deuce（〈テニスで〉ジュースになる）

ロトレ 6 　LとR ①

例文→リピートポーズ→例文→リピートポーズ

1. **relay**
   リレー

2. **really**
   本当に

3. **classroom**
   教室

4. **celebrity**
   セレブ（英語では「有名人」という意味）

5. **collaboration**
   コラボ

口トレ到達度 check

1　2　3　4　5

1　2　3　4　5

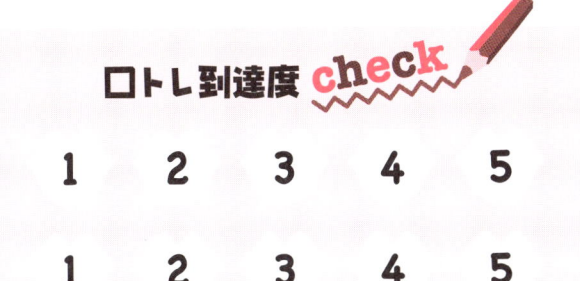

CD2 43

1 They ran in the 400-meter relay.

彼らは400mリレーに出場しました。

2 You look really nice.

あなた本当に素敵よ。

3 Let's go back to the classroom.

教室に戻りましょう。

4 Many celebrities come to this restaurant.

多くのセレブ（有名人）がこのレストランに来ます。

5 He works in collaboration with the famous artist.

彼は有名なアーティストとコラボしています。

ロトレ 7 　 L と R ②

例文→リピートポーズ→例文→リピートポーズ

1 　 jewelry
宝石

2 　 library
図書館

3 　 red light
赤信号

4 　 Marilyn Monroe
マリリン モンロー

5 　 Little Red Riding Hood
赤ずきんちゃん

ロトレ到達度 check

1 2 3 4 5

1 2 3 4 5

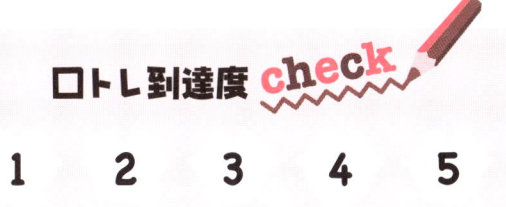

CD2 44

1 She wears a lot of jewelry.

彼女は宝石をたくさん身につけています。

2 Let's study at the library.

図書館で勉強しよう。

3 He drove through a red light.

彼は赤信号を突っ切った。

4 He was a big fan of Marilyn Monroe.

彼はマリリンモンローの大ファンでした。

5 She read the children "Little Red Riding Hood."

彼女は子どもたちに「赤ずきんちゃん」を読んであげました。

ロトレ 8 早口言葉①

🔴 例文(ナチュラルスピード)→リピートポーズ→例文(早口)→リピートポーズ

1 — **see you**
あなたに会う

2 — **seashore**
海岸

3 — **seashell**
貝殻

4 — **ship・sink・think**
船・沈む・考える

5 — **fifth・sixth**
5番目の・6番目の

口トレ到達度 check

1　2　3　4　5

1　2　3　4　5

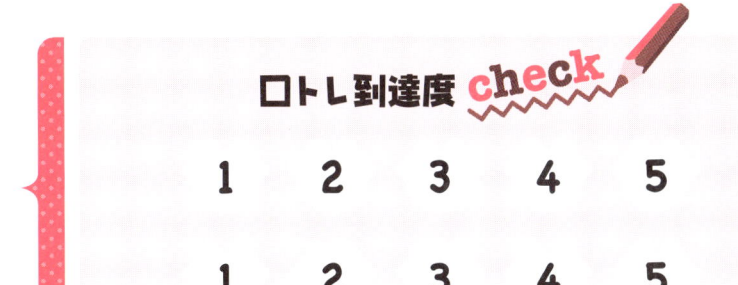

CD2 45

1 She will see you tomorrow.

彼女は明日あなたに会います。

2 She sells seashells by the seashore.

彼女は海岸のそばで貝殻を売っています。

3 The shells she sells are surely seashells.

彼女が売っている貝殻は確かに海の貝殻です。

4 She thinks that the ship will sink.

彼女はその船は沈むと思っています。

5 The bathrooms are on the fifth and sixth floors.

トイレは5階と6階にあります。

ロトレ 9 早口言葉②

例文(ナチュラルスピード)→リピートポーズ→例文(早口)→リピートポーズ

1 **right switch**
右のスイッチ

2 **red leather**
赤い革

3 **long race**
長距離レース

4 **squirrel**
リス

5 **Seattle・Toronto**
シアトル・トロント

口トレ到達度 check

1　2　3　4　5

1　2　3　4　5

CD2 46

1 The right switch is the light switch.

右のスイッチが電気のスイッチだよ。

2 Red leather, yellow leather.

赤い革、黄色い革。

3 I really like to run in a long race like a marathon.

私はマラソンのような長距離レースを走るのが好きです。

4 Look at the little squirrels on the grass.

芝生の上の小さいリスを見てごらん。

5 Seattle and Toronto are very attractive cities.

シアトルとトロントはとても魅力的な街です。

ロトレ 10 早口言葉③

例文(ナチュラルスピード)→リピートポーズ→例文(早口)→リピートポーズ

1 **buy any three**
どれか3つ買う

2 **fresh fish**
新鮮な魚

3 **black bug**
黒い虫

4 **better butter**
もっといいバター

5 **pickled peppers**
酢漬けのペッパー

ロトレ到達度 check

1　2　3　4　5

1　2　3　4　5

CD2 47

---

1 Buy any three and get one free.

3つ買えば、1つ無料。

---

2 For fine fresh fish, phone Phil.

美味しい新鮮な魚については、フィルに電話して。

---

3 A big black bug bit the big black bear.

大きな黒い虫が大きな黒いクマを刺した。

---

4 Betty bought a bit of better butter.

ベティーはもっといいバターを少し買った。

---

5 Peter Piper picked a peck of pickled peppers.

ピーターパイパーは1ペックの酢漬けのペッパーを摘まんだ。

巻末資料

発音は、つづりからある程度推測することができます。知らない単語が出てきたとしても、そこであきらめずに考えてみましょう。以下は、主な発音記号と代表的なつづり字を掲載しました。例外はどの言語にも付き物です。参考程度に見てみてください。

母音一覧

発音記号	単語例	主なつづり字	該当ユニット
[ʌ]	sun	u	Unit 1
[i]	big	i	Unit 2
[e]	end	e	Unit 3
[u]	cook	oo	Unit 4
[iː]	eat	ea; ee; ie	Unit 20
[ɑ]	hot	o	Unit 21
[ə]	second	a; e; i; o; u	Unit 22
[uː]	soup	ou; oo; ue; ui	Unit 24
[ei]	date	a; ai; ay	Unit 27

発音記号	単語例	主なつづり字	該当ユニット
[ou]	g**o**	o; oa; ow	Unit 28
[ai]	**eye**	ie; igh	Unit 29
[ɔi]	b**oy**	oi; oy	Unit 30
[au]	c**ow**	ou; ow	Unit 31
[æ]	h**a**t	a	Unit 32
[ɔː]	t**a**lk	a; au; aw; ou	Unit 33
[ɑr]	h**ar**d	ar	Unit 56
[ɔr]	d**oor**	or; ore	Unit 57
[iər]	b**eer**	eer; ear; er	Unit 58
[ɛər]	h**air**	air; are; ear	Unit 59
[uər]	p**oor**	oor; our; ure; ur	Unit 60
[ər]	w**or**k	or; er; ir; ur	Unit 61

巻末資料

子音一覧

発音記号	単語例	主なつづり字	該当ユニット
[p]	**p**ush	p	Unit 5
[b]	**b**ed	b	Unit 6
[t]	**t**ennis	t	Unit 7
[d]	**d**ust	d	Unit 8
[k]	**k**i**ck**	k; ck	Unit 9
[g]	**g**ood	g	Unit 10
[s]	**s**en**se**	s; se; ce	Unit 11
[tʃ]	**ch**eck	ch	Unit 12
[z]	**z**oo	z	Unit 14
[h]	**h**ow	h	Unit 15
[m]	**m**oney	m	Unit 16
[n]	**n**ame	n	Unit 17

発音記号	単語例	主なつづり字	該当ユニット
[ŋ]	you**ng**	ng; ngue	Unit 18
[ʃ]	**sh**e	sh; tion	Unit 19
[dʒ]	**j**ob	j; g; gg; ge	Unit 25
[l]	**l**ight	l	Unit 34
[ʒ]	mea**s**ure	sure; sion	Unit 40
[r]	**r**ight	r; wr	Unit 50
[j]	**y**ellow	y	Unit 62
[f]	**f**ood	f; ph; gh	Unit 63
[v]	**v**ery	v	Unit 64
[θ]	**th**ink	th	Unit 67
[ð]	**th**ey	th	Unit 68

★著者紹介★

山崎 祐一　Yuichi Yamasaki

長崎県出身。カリフォルニア州立大学サンフランシスコ校大学院修士課程修了（英語教育学修士）。現在、長崎県立大学教授。専門は英語教育学、異文化間コミュニケーション、英語発音法。国際家族に育ったため言葉と文化が不可分であることを痛感。アメリカの大学で講義を9年間担当。教育、国際交流、音楽、宗教、防衛など多岐の分野における通訳業務の経験も活かし、これまでに担当した専門分野に関する講演や講座は600回を超える。「みのもんたの朝ズバッ！」(TBS) などメディア、新聞等でも英語教育や異文化理解に関する解説やコメントが紹介される。TSE (Test of Spoken English) スピーキング・発音部門満点、TWE (Test of Written English) 満点。著書に『英会話の教科書』、『絶対使えるカジュアルイングリッシュ』、『瞬時に出てくる英会話フレーズ大特訓』、『瞬時にわかる英語リスニング大特訓』(Jリサーチ出版)、『サンセット大通り』共著（フォーイン スクリーンプレイ事業部）など。

カバーデザイン	滝デザイン事務所
本文デザイン／DTP	株式会社 創樹
カバー／本文イラスト	イクタケマコト
ナレーション	Edith Kayumi
	水月優希

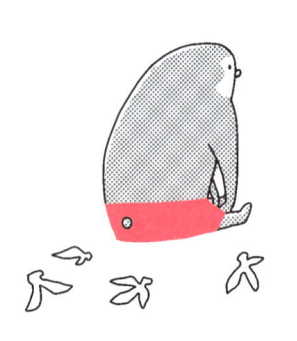

発音フレーズ大特訓

平成25年（2013年）4月10日発売　初版第1刷発行

著　者	山崎祐一
発行人	福田富与
発行所	有限会社 Jリサーチ出版
	〒166-0002　東京都杉並区高円寺北2-29-14-705
	電話 03 (6808) 8801 (代)　FAX 03 (5364) 5310
	編集部 03 (6808) 8806
	http://www.jresearch.co.jp
印刷所	（株）シナノ パブリッシング プレス

ISBN978-4-86392-135-1　禁無断転載。なお、乱丁・落丁はお取り替えいたします。
© 2013 Yuichi Yamasaki. All rights reserved.